古時人們對病理或生物的錯誤理解，在以訛傳訛後，構成了一個又一個傳說。吸血鬼傳說也很有可能在這種情況下誕生。

U0023201

對病理的錯誤認知

傳說
吸血鬼是不死身！

事實

屍體在分解過程中會膨脹起來，體內壓力令血液從七孔滲出，看起來像剛喝過血一樣。同時，因為皮膚與牙齦軟化，原本藏在皮膚下的髮根、指甲根和牙根都會暴露出來，形成頭髮、指甲和牙齒還在生長的錯覺。

傳說
吸血鬼
害怕陽光！

事實

紫質症患者因血基質失調而對陽光異常敏感，而且尿液遇到陽光可能會變成深褐色，同時出現心悸、高血壓等病徵。生化學家大衛．多芬（David Dolphin）曾經指出紫質症與吸血鬼傳說的關連，但後來被其他學者否定。

傳說
吸血鬼咬人吸血！

事實

噬咬別人這一點，很有可能源自狂犬病。狂犬病患者受到腦炎影響，可能會不自控地出現暴力行為及意識混亂，並會出現恐水、恐光症狀。不少人都認為這些特點跟吸血鬼傳說不謀而合。

就算是以訛傳訛，吸血鬼的設定也太仔細了吧？
這就要介紹一些經典小說給你看了。

創造吸血鬼的四大小說

《吸血鬼》(The Vampyre)

作者：約翰·波利多里（John Polidori）
發表年份：1819 年

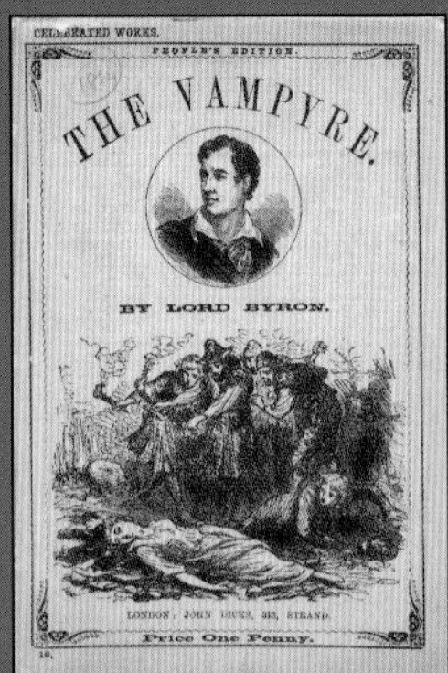
THE VAMPYRE.
BY LORD BYRON.
Price One Penny.

故事簡介：奧布瑞遇上了神秘且風流倜儻的盧希梵爵士，兩人同遊歐洲各地。後來奧布瑞愛上一名希臘女孩，並與盧希梵分道揚鑣。但女孩隨即死於非命，屍身頸部更留下神秘咬痕……

雖然只是個約11頁的短篇，但被認為是吸血鬼故事的始祖，確立了吸血鬼美麗優雅，會咬人類的頸部的形象。

美麗優雅。吸血時會咬人類的頸部

《吸血鬼瓦尼》(Varney the Vampire)

作者：占士·M·雷米 (James Malcolm Rymer) 及
湯馬仕·P·普雷斯 (Thomas Peckett Prest)
發表年份：1847 年

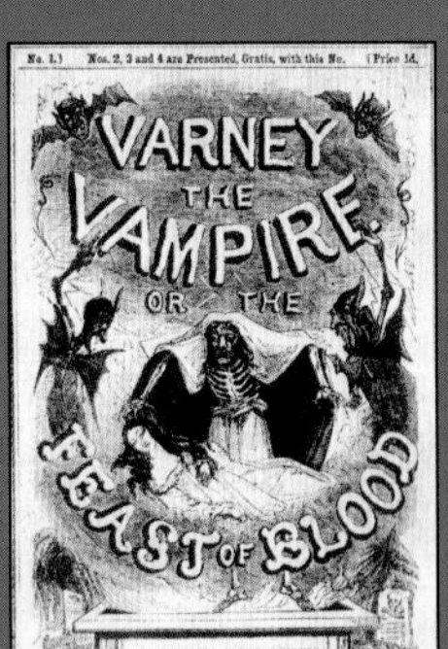
VARNEY THE VAMPIRE OR THE FEAST OF BLOOD

故事簡介：瓦尼爵士因詛咒而成為了吸血鬼，他一直試圖解開詛咒，但沒有成功。最後他寫下一份遺書，向同情他的牧師說明自己的來歷後，投身火山自盡。

本書除了開創「悲情吸血鬼」的先河，還制定了吸血鬼有尖牙、咬人後會在人的頸上留下2個血洞、懂操縱人心和超人體力等特點。不過，與我們認知不同，瓦尼除了需要吸血維生之外，基本上跟一般人沒大分別，可以在人類社會過日常社交生活。

有一雙尖牙，咬人後會在人的頸上留下2個血洞，懂操縱人心並具超人體力

《卡米拉》(Carmilla)

作者：謝里登．勒法努（Sheridan Le Fanu）
發表年份：1872 年

故事簡介：自從與名為卡米拉的神秘少女同居後，勞拉發現鄰村的年輕女子頻繁地因怪病而死。勞拉深入調查，駭然發現卡米拉就是不久之前，在鄰村出沒的吸血妖怪蜜卡拉！

卡米拉是當年創作上非常罕見的女吸血鬼。她優雅美麗、睡在棺材之中，及被木樁釘心臟會死等設定，都被後來的《德古拉》所引用，並成了以後所有吸血鬼創作的基本設定。

睡在棺材之中，消滅方法是把木樁釘進他的心臟

《德古拉》(Dracula)

作者：伯蘭．史杜克（Bram Stoker）
發表年份：1897

故事簡介：年輕律師伯加因為工作而前往德古拉伯爵的神秘古堡，意外識破德古拉真正身份是吸血鬼。他連夜逃亡，卻發現德古拉已染指倫敦，於是他聯同妻子及范海辛博士一起對抗德古拉。

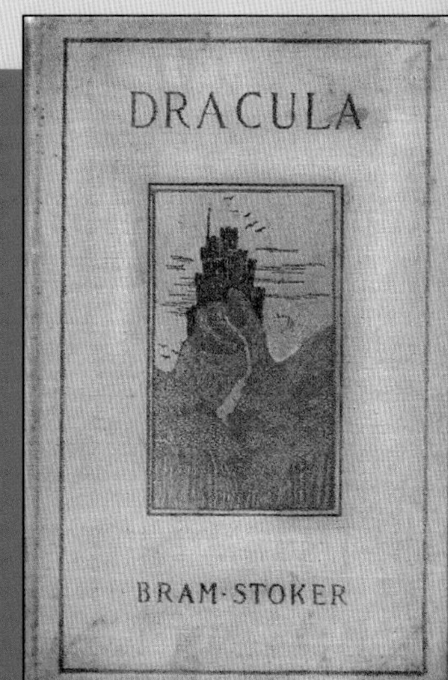
DRACULA
BRAM·STOKER

小說以不同角色的日記、新聞、電報、錄音帶等組成，從不同人的角度間接描述德古拉，令作品懸疑感十足。作品推出時並沒太多人留意，但自20世紀後，因為大量改篇作品出現，令德古拉成為了吸血鬼的代名詞。作品中吸血鬼害怕十字架、陽光及銀器等設定，亦成了以後吸血鬼作品約定俗成的元素。

害怕十字架、陽光及銀器

吸血鬼與科學怪人一起度假？

1816年，英國著名詩人拜倫跟雪萊，帶同約翰．波利多里及瑪莉．雪萊一起到別墅度假，但因天氣不佳而無法外出，於是玩起創作恐怖故事的遊戲。兩名詩人說了甚麼故事已沒紀錄，但約翰當時創作出《吸血鬼》，而瑪莉則寫下了《科學怪人》，兩者如今都成為了經典作品。

所以吸血鬼的能力全都是虛構嗎？
這倒不一定。
畢竟他們的能力在大自然中，並非那麼不可思議。

人類能否進化成吸血鬼？

從外表看來，吸血鬼與人類相當接近。他們會否是人類進化而成的呢？其實也並非不可能，因為現實中很多生物都擁有跟吸血鬼相近的技能。

超・夜視能力｜貓頭鷹

貓頭鷹的視力約為人類的4倍，夜視能力更在人類100倍以上。雖然很多人以為貓頭鷹因為夜視能力太好，不能在午間活動，但實際上並非如此。要說牠們視力唯一的弱點，大概就是只能看遠不能看近了。

→跟我們的眼球不同，貓頭鷹的眼睛是柱狀的，所以不能轉動。取而代之，牠們的頸能轉動達270度，方便觀察後方事物。

超・聽覺能力｜海豚

我們分辨聲音，除了取決聲量外，也取決於音頻。音頻是指聲音在每秒鐘發生變化的次數或頻率，單位是赫茲（Hz）。一般來說，人類可聽到的音頻約為20至20000赫茲。

而海豚則可聽到75至150000赫茲以上的超高音頻。牠們還會使用「回聲定位」（echolocation）為自己導航，透過發出聲波及接收回聲來定位，能準確辨識20公尺外的乒乓球。

超・嗅覺能力｜狗

人類平均擁有500萬個嗅覺細胞，而狗則擁有多達1.25億到2.2億個，所以狗的嗅覺能力大概是我們的40倍。假設你面前有一道美味料理，你可能會單純覺得香氣撲鼻，但狗則能嗅出當中的肉、洋蔥、鹽及各式香料的氣味。

←狗的兩個鼻孔有獨立的嗅覺能力，令牠們擁有立體嗅覺，能輕易判斷氣味來源的方向。

雖然人類繼續進化的機會並不是零，但要基因突變到擁有吸血鬼所有能力，還能保持現時人類的外表，就近乎不可能。即使用上現今最頂端的生物工程，也不能做到。
而且每當生物擁有一項出色能力，通常就會有另一種能力倒退。以家貓為例，雖然牠的聽覺高我們三倍、嗅覺比我們高數萬倍，但視力其實不到我們十分之一、味覺也不能分得清鹹甜。想要進化得像吸血鬼那樣完美，反而是不合理。

超·感知能力｜蛇

部分蛇在頰窩內藏有感熱細胞，能夠探測外界熱能。一般相信牠們能在0.1秒內，感應0.002℃的溫度變化，即使周遭一片黑暗，牠們也能透過溫度變化，馬上能對1公尺內獵物產生反應。

←雖然蛇沒有聽覺，但牠們能夠透過下顎感應地面的振動，從而判斷環境安全與否。

超·身體能力 大灰熊

若論握力的話，其實大猩猩比大灰熊更強。擁有500kg握力的大猩猩，可輕易捏碎人類的骨頭。但大灰熊身體能力更平均、更全面。

大灰熊看起來相當笨重，但實際上最高奔跑時速可達50km/h，比奧運冠軍還要快得多。牠的拳力大約只有120kg，未必比某些人類格鬥家強，但由於體重最高可達800kg，相信沒有人可與牠徒手對戰。

超·再生能力｜海星

海星的再生能力非常驚人。假如你切斷海星的其中一隻觸手，會發現牠很快再生出新的觸手，更厲害的是，被切出來的觸手會再生成另一顆海星。

地球上還有被視為最強不死生物「水熊蟲」，這種肉眼看不見的微生物，即使暴露在零下 272℃ 低溫或115℃高溫，甚至高輻射環境、有機溶劑或太空中，都只會進入假眠狀態，而不會死掉。

很濃的大蒜味！
哈哈，因為我怕吸血鬼，所以剛剛吃了很多蒜頭。
說來吸血鬼每一個弱點，都可以用過敏解釋呢。

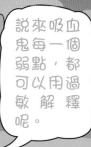

吸血鬼是過敏體質？

過敏是甚麼？

過敏是指我們的免疫系統對特定的致敏原產生過剩的反應。致敏原有很多，從花粉、花生，到小麥、米等都有可能引起部分人過敏。

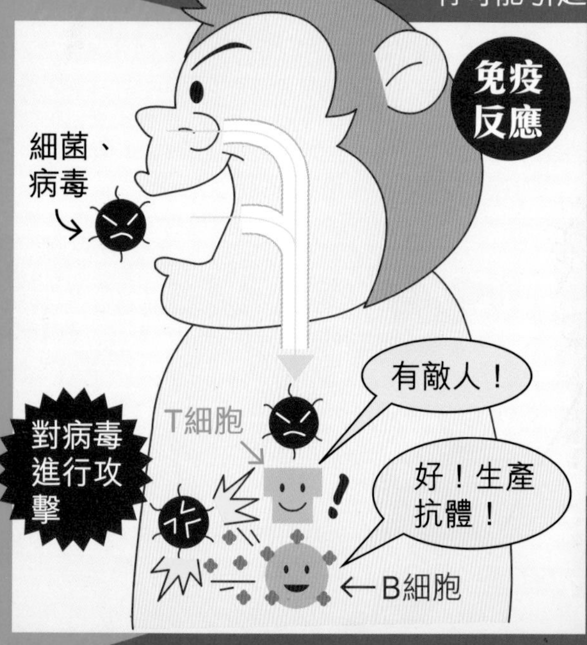
免疫反應
細菌、病毒
有敵人！
T細胞
對病毒進行攻擊
好！生產抗體！
←B細胞

過敏反應
致敏原
我不會傷害你的。
T細胞
有敵人？
對無害的致敏原放出過量抗體
好！生產抗體！
←B細胞

過敏成因不明，有可能是遺傳所致，也有可能是生活環境影響，德國就有研究顯示，一個長期生活於有空氣清新機環境的嬰孩，會比一個普通生活的嬰孩，更容易有敏感症。

順帶一提，近年無麩質食品(Gluten-free)被譽為健康食品，但其實它本來是為麩質過敏的人開發的，營養價值比一般食品不平均。對於其健康功效，醫學界一直存疑。

常見的致敏原
魚類
甲殼類
堅果類
麩質
milk
蛋類
乳製品
豆製品

過敏輕則會出現痕癢或紅腫，重則休克甚至死亡。

吸血鬼的弱點 1

大蒜

大蒜過敏可以經由接觸蒜油、蒜粉，或進食大蒜引起，並會導致皮膚發炎、氣喘、腸胃不適、腹瀉、嘔吐等症狀，雖然是比較罕見的致敏原，但如果吸血鬼真的對它過敏的話，想要避開大蒜就很合理了。

吸血鬼的弱點 2

銀器

由於純銀太柔軟的關係，所以很多時銀器都會混入名為「鎳」的金屬，而鎳過敏是十分常見的。不過金屬粒子需要長時間累積，才會跟皮膚中的蛋白質結合並產生過敏反應，所以可能吸血鬼以往曾長時間配戴銀飾，才會形成敏感。事實上除銀器外，許多食物都含有鎳。但吸血鬼只吸血的話，應該不怕？

吸血鬼的弱點 3

陽光

陽光敏感，更多時被認為是紫外線敏感，也是皮膚癌成因之一。我們體內有一種名為「P53」的蛋白質會修復或殺死細胞來抑制癌症腫瘤，但紫外線有可能會令「P53」失效，導致人們患上皮膚癌。如果是這樣，也許吸血鬼多塗一點防曬霜，阻隔紫外線，就能在陽光下活動了！

為免被吸血，我決定以後都穿樽領衫。
那你夏天要怎麼辦？

其實吸你的血，對吸血鬼也沒好處啦。

揀飲擇食的後果

我們所知的吸血生物，就算當中體形最大的吸血蝙蝠身長都不超過10cm，原因是單靠血液無法提供足夠營養。大型的動物，要不是靠吃肉取得營養，就是吃大量的植物，才能維持健康。

果蝠
吸血蝙蝠
▲果蝠的體型比吸血蝙蝠大得多。

3kg
老虎 每天平均需要進食3KG肉

1.3kg
人 每天平均需要進食1.3KG食物

5kg
羊 每天平均需要進食5KG 草

100ml的血液只有約100kcal。因為吸血鬼外表看來跟人類一樣，所以我們可以假設他所需要的卡路里跟我們一樣。也就是說，作為一個成年男性，他每日就需要吸收約2500kcal，即他必須每日要喝2.5L血液，才能飽腹。

1.25 Litre
1.25 Litre
►試想像你每天要喝2支1.25L汽水。

要養活自己，先要養150人

成年人體內一般有約6至8L血液，但流失超過2L，就會死亡。就算吸血鬼稍微忍住自己食慾，只喝1.5L血，都會令人陷入瀕死。要不影響對方的生理，吸血鬼每次最多只可以吸500ml血。

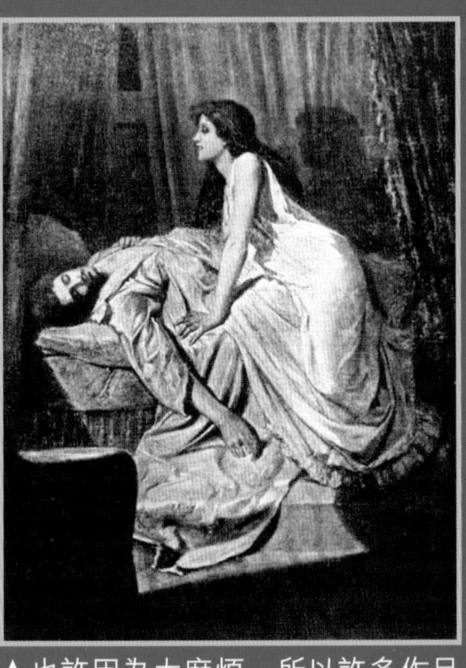

▲也許因為太麻煩，所以許多作品中，吸血鬼都會選擇直接把人類吸乾。

失血過後，我們大約要花一個月時間才能補回失去血量。如果要不損人命，吸血鬼就得以30日為一個周期，安排150人每日輪換，每日只吸5人各500ml血。

今天輪到喝B組的血…
吸血紀錄

吸血會生病！

血液除了營養價值不高外，還可能帶有不少病菌。吸血蝙蝠之所以沒生病，是因為牠免疫系統和我們不太一樣，就算一直發出抗體，都不會發炎。但如果吸血鬼真的如前所述，擁有過敏體質的話，一旦吸到帶病菌的血，後果可能很嚴重。

你吸我血，後果自負。

用番茄汁代替？

不少作品都會寫善良的吸血鬼，喝番茄汁代替吸血。但100ml的番茄汁其實只有約17kcal，熱量比血液低。而且1杯番茄汁約有25ml茄紅素，雖然有抗氧化作用，但喝過量的話，很容易會積聚起來，令皮膚變黃。

難道一天要喝17L番茄汁嗎？

原來吸血鬼這麼不科學，我不用怕了。

不，吸血鬼某些設定其實頗合理。
甚麼?!

吸血的合理性

體溫非常低

人類用不少卡路里來維持體溫，假如吸血鬼體溫沒人類那麼高的話，那麼他們可能單靠吸血就獲得所需能量。不少作品中，吸血鬼都被形容面色蒼白，可能正正顯示他們體溫較低。

經常睡眠

熊貓和樹熊都跟吸血鬼一樣，非常偏食。他們因為愛吃沒甚麼營養的竹子和尤加利葉，所以都會為了減少新陳代謝，而終日久坐不動，甚至睡上十多小時。吸血鬼每每都被形容睡在棺材或沉睡千年，可能都跟偏食有關。

photo by Guillaume Blanchard

為長生而吸血

儘管吸血那麼沒效率，但吸血鬼依然堅持吸血，最大可能性就是他們需要血液中某些成分。事實上，血液中的糖分及蛋白質結合後所產生的AGEs(Advanced glycation end products，亦稱「糖化終產物」），是讓我們血管、組織老化的元兇。現今科學家一直在研究如何透過抑壓AGEs，來達至抗衰老的效果。假如吸血鬼有辦法控制血液內的AGEs，說不定就能藉吸血來長生。

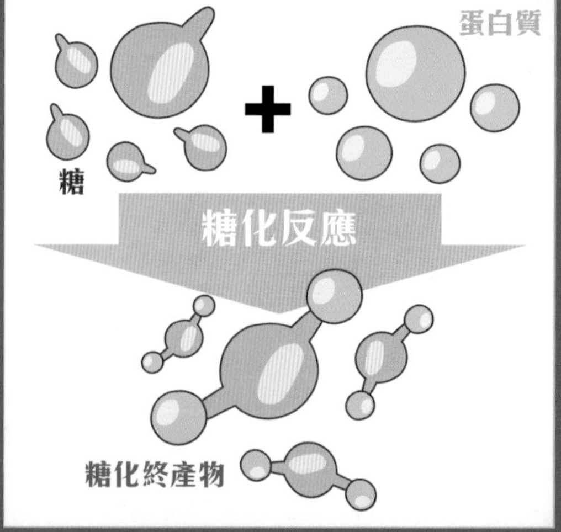
蛋白質
糖
+
糖化反應
糖化終產物

數量稀少

吸血鬼明明各方面能力都超越人類，但在人口比例上卻一直無法超越人類，可能也跟他們的飲食習慣有關。畢竟地球數以百萬計的物種當中，吸血動物只佔少數，證明這種生態並非主流。

►正在吸血的蝴蝶。
photo by Túrelio

成為吸血鬼奴隸

被吸血鬼咬過的人，會成為吸血鬼的奴隸，看來很不現實，但實際上不少寄生蟲都可以做到類似效果。

扁頭泥蜂

扁頭泥蜂會用毒針刺入蟑螂大腦，並以毒液破壞牠的神經系統，再操控其觸鬚，令蟑螂自行步進蜂巢，並在蟑螂體內產卵。幼蟲會以蟑螂的內臟為食，成蟲後破腹而出。

刻絨繭蜂

刻絨繭蜂會在毛蟲身上產卵並控制其思考，毛蟲被蠶食身體之餘，還會為繭蜂幼蟲做繭。直至力竭而亡為止，毛蟲都會不停擺動自己的身體，驅趕繭蜂天敵，保護幼蟲。

此外，還有雙盤吸蟲、弓形蟲等不同的寄生蟲，主要都是控制宿主自願被其他生物捕食，以達到其轉移宿主的目的。

你真的不害怕吸血鬼？
當然。

那你怕甚麼？
我最怕被人吸乾…

那不就是怕吸血鬼了嗎？
不是…

是怕會吸乾我錢財的愛麗絲！
交租呀！

實戰
寫作教室

語文

厲河老師的實戰寫作教室

在這個專欄中，我會批改讀者寄來的短篇故事，希望能讓大家從中學習如何寫作，提高創作故事的能力。不過，寫作風格千變萬化，我的批改也很個人化，可以說是「厲河式」的改法，並不表示一定要這樣寫才正確，大家拿來參考參考就行了。

《大偵探福爾摩斯》在內地舉辦了一個以小學生為對象的徵文比賽，以下是亞軍作品，寫得相當出色，特意轉載讓大家欣賞。

平安夜的秘密｜小作者／朱梵（小五）

你們都聽過這個動人的傳説吧？只要你真誠地許願，那位胖墩墩、穿着紅棉襖、留着一大把銀鬍子的老爺爺，就會在平安夜裏，悄悄地從煙囱爬進你家，在你早早準備好的巨大的紅襪子裏，放上你期待許久的禮物。

小時候，我對此深信不疑。因為，每年耶誕節的早上，我都會從掛在窗口或床頭的紅襪子裏，找到我心儀已久的禮物。可長大後，同學們卻説，「聖誕老人」只是個傳説。我真不願意相信呀！於是，這一年的平安夜，我決定不睡覺。我倒是要看看，如果沒有聖誕老人，那到底是誰給我送的禮物呢？

天黑了，我緊緊盯着掛在床頭的紅襪子，心中暗暗祈禱：聖誕老人快來啊！睡夢中，我突然感覺有人在輕輕地呼喚我。難道是聖誕老人？

①不知道過了多久

我「唰」一下就從被子裏坐了起來。清晨的陽光懶懶地灑在紅襪子上，原來已經天亮了。我心情複雜地看着床頭鼓鼓囊囊的紅襪子，打開一瞧，裏面果然都是我許願的禮物……

②戰戰兢兢地

經過這一次失敗，第二年我下定決心，一定要查明真相！

離耶誕節還有好多天呢，媽媽又像往年一樣來打聽我的願望；有一天，爸爸剛到家就抱着個大盒子躲進了房間；逛超市的時候，爸爸媽媽還一起挑選了精美的包裝紙和絲帶 ……我不禁若有所思。

平安夜終於到了，我強忍着睡意在被窩裏等了很久，迷迷糊糊就快睡着的時候，我聽到輕輕的推門聲，有兩道身影悄悄地閃進了我的房間。我偷偷瞪大眼睛，這不是爸爸媽媽嘛！他們拿我的紅襪子幹甚麼？等他們一出房間，我馬上衝到紅襪子旁邊，映入眼簾的是熟悉的禮物包裝紙的圖案。原來如此，我微微一笑，安心地爬上床睡着了。

③

第二天早晨，就像每一年的耶誕節早晨一樣，我在爸爸媽媽笑意盈盈的注視下，「驚喜」地打開紅襪子裏的禮物，果然就是我最想要的《福爾摩斯全集》。 我知道這是爸爸媽媽送的，難怪他們總是費盡心思打聽我的願望。他們早早準備好禮物，藏在家裏的某個角落，再等到夜深人靜的時刻，偷偷放進我的紅襪子。

「聖誕老人」④的 或許真的只是個美麗的傳説。然而，每一次我在紅襪子裏找到禮物時驚喜和感動，卻是那麼真實。我想⑤要一直保守着⑥把平安夜的秘密 藏在心裏，因為那是我和爸爸媽媽之間關於⑦的愛的秘密。

評註：

① 這裏加上時間經過比較好，讀起來不會太突然。

② 「心情複雜」所指的究竟是甚麼？是懊悔自己睡着了？還是慶幸自己沒揭穿「聖誕老人」的秘密？作者應該講清楚。此外，「心情複雜」多用於形容負面的情緒，但看上文下理作者又不像有負面情緒，所以刪去了。後面加上「戰戰兢兢」，只是想形象化地描述作者的「心情」。當然，如作者不同意，可刪去。

③ 由於這句有三個「的」字，太纍贅了，所以在沒損害原意的情況下刪去「的圖案」。

④ 這裏應該加一個「的」字。

⑤「要」已有「想」的意思，故刪去「想」。

⑥「保守着」秘密也無不可，但把秘密「藏在心裏」更形象化。

⑦ 在抒情的文章中少用「關於」這種文書式的用語為佳，簡單地用一個「的」字效果更好。

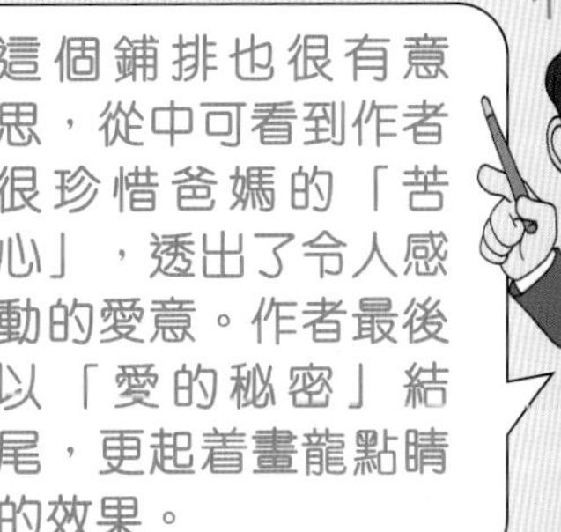

小孩子都有類似的疑問──聖誕老人是否真的存在？作者選用這個題材必會引起小朋友的共鳴。但正正也是這個原因，如寫得不好，就會變成一篇老掉牙的作文了。

幸好，作者在故事鋪排上有起伏，首先是第一年「偷看」失敗，要到第二年才成功。此外，作者看到熟悉的包裝紙後安心地睡了，要到第二天早上才在爸媽面前把禮物拆開來看。

這個鋪排也很有意思，從中可看到作者很珍惜爸媽的「苦心」，透出了令人感動的愛意。作者最後以「愛的秘密」結尾，更起着畫龍點睛的效果。

投稿須知：

※短篇故事題材不限，字數約500字之內。

※必須於投稿中註明以下資料：
小作者的姓名、筆名（如有）及年齡，家長或監護人的姓名、地址及聯絡電話。

※截稿日期：2021年1月29日。

投稿方法：

郵寄至「柴灣祥利街9號祥利工業大廈2樓A室」《兒童的學習》編輯部收；或電郵至editorial@children-learning.net。信封面或電郵主旨註明「實戰寫作教室」。

一經刊登可獲
贈正文社網站
購物現金券港
幣$300元。

快樂大獎賞 異想天開的世界

隨着科技發展，未來世界真的會有吸血鬼和超級英雄嗎？

參加辦法

於問卷上填妥獎品編號、個人資料和讀者意見，並寄回來便有機會得獎。

A LEGO Marvel Avengers Truck Take-down 76143

1名

美國隊長和鷹眼被兩名AIM特工襲擊，你能幫助他們脫險嗎？

B Hello Kitty DIY 創意貼紙機

1名

內置多款圖案及邊框，自製貼紙很輕鬆。

C 大偵探福爾摩斯 逗利是x寫揮春x學成語

1名

不到一個月就到農曆新年，提前學會祝福語向親友拜年吧！

D 叢林Baby套裝

1名

用閃閃發亮的皇冠和權杖為Melina公主盛裝打扮。

E 角落生物兩用袋

1名

這是一個兩用袋，拆下肩帶，可當束口索繩袋。

F 4M閃亮摺紙燈

1名

跟着步驟來製作五款摺紙燈。

G 超常識奇俠 2

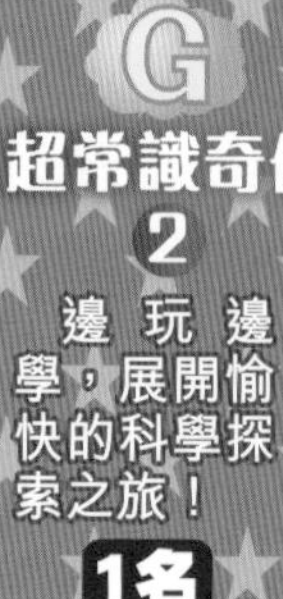

邊玩邊學，展開愉快的科學探索之旅！

1名

H 角落生物八達通套零錢包

1名

可裝零錢，背面還可放入八達通和學生證。

第57期得獎名單

Ⓐ LEGO Monkie Kid牛魔暗黑戰車 80007	李建均
Ⓑ LEGO Classic創意影子拼砌盒 11009	張懷淙
Ⓒ 4M魔雪奇緣魔雪萬花筒	陳蕊
Ⓓ MOONLITE月光故事投影機禮盒（童話系列）	劉綽軒
Ⓔ Star Wars Rogue One 3.75吋人偶模型雙人組合系列（隨機獲得其中一款）	朱浚諾 郭頌翹
Ⓕ Finding Dory 繪畫套裝	吳允皓
Ⓖ 爆旋陀螺套裝	吳子朗
Ⓗ 角落生物索繩袋（隨機獲得其中一款）	黎浠桐 胡悅
Ⓘ Doorables長髮公主迷你小屋	王浩瑆

截止日期2021年2月14日
公佈日期2021年3月15日（第61期）

- 問卷影印本無效。
- 得獎者將另獲通知領獎事宜。
- 實際禮物款式可能與本頁所示有別。
- 本刊有權要求得獎者親臨編輯部拍攝領獎照片作刊登用途，如拒絕拍攝則作棄權論。
- 匯識教育有限公司員工及其家屬均不能參加，以示公允。
- 如有任何爭議，本刊保留最終決定權。

I Star Wars Rogue One 3.75 吋人偶模型系列

（隨機獲得其中一款）

2名

每個人偶各自配備不同武器或裝備。

特別領獎安排 因疫情關係，第57期得獎者無須親臨編輯部領獎，禮物會郵寄到得獎者的聯絡地址。

大偵探福爾摩斯
SHERLOCK HOLMES

科學鬥智短篇㊽
少年福爾摩斯⑴

愛德蒙·唐泰斯
年輕船長。曾因冤罪而被囚於煉獄島。

奧斯汀·弗里曼=原著　厲河=改編
陳秉坤=繪　陳沃龍、徐國聲=着色

夏洛克
天資聰穎，長大後成為了倫敦最著名的私家偵探。

化身成**桑代克**的唐泰斯躲在街角的暗處，心情忐忑地注視着對面那所小房子的前院。自從報仇成功後，他一邊照顧重傷的**小鷹**，一邊命庖屋四丑和手下四出打聽，終於找到那輛在墳場接走**美蒂絲**的馬車，得悉她一家就住在眼前的小房子裏。

「親愛的美蒂絲……」唐泰斯心中呢喃，「我終於找到你了。我經歷**千辛萬苦**，終於找到你了……我知道你就住在那所房子裏，你我**近在咫尺**，我只要走前十多碼，敲你的門，就能與你相認了……」

「可是……你卻改嫁了……你沒有等我，就改嫁了……」唐泰斯想到這裏，不期然地流下了眼淚，「我知道，你一定以為我在獄中死了。我明白……你沒有理由去等一個已死的人……你一定是**萬念俱灰**，所以……所以只好改嫁……」

「你告訴我，我該怎麼辦？」唐泰斯擦一擦頰上的淚水，「我該去敲你的門嗎？當你打開門時，你會**笑臉相迎**嗎？還是……你會震驚得**崩潰落淚**？到時，我又該怎辦？」

「傻瓜！你堂堂男子漢大丈夫，怎可以這樣**婆婆媽媽**？」唐泰斯在心中怒罵自己，「你應該挺起胸膛走過去敲門，看到美蒂絲立即把她擁入懷裏，然後用力地拉住她的手，帶她**一走了之**！」

「對！我還猶豫甚麼？我應該帶她走呀！」唐泰斯下定決心，他深深地吸了一口氣後，就大步往對面的房子走去。可是，他只是剛邁出腳步，那房子的門卻突然「**嘰**」的一聲地被推開了，一個美麗的少婦拿着盛滿了衣服的盆子走了出來。

唐泰斯被嚇得猛地剎住，慌忙退回街角的暗處去。

「啊……是美蒂絲……」唐泰斯遙望着少婦，激動得**熱淚盈眶**，「她出來了！我們終於又相見了！」

美蒂絲憂郁地走到晾衣繩旁，她從盆子中拿起一件衣服，用力地抖了一下，熟練地把它掛到繩子上。就是這樣，她一次又一次地做着重複的動作，只不過幾分鐘，繩子上已掛滿了衣服。

唐泰斯躲在暗角，看着那些在風中輕輕地搖曳着的衣服，不知怎的，忽然**悲從中來**。

那些，都是少年的衣物，有內衣、短褲、襪子和毛巾，處處洋溢着一個小家庭的**生活氣息**。

「美蒂絲有了自己的家，她已過着平靜的生活，我貿然前去打擾她，只會令她的人生**再起波瀾**……」唐泰斯想到這裏，悲傷地搖搖頭，「在她的生命中，我已成為了**過去**。我不該……我不該那麼自私……破壞她已擁有的幸福……」

想到這裏，唐泰斯感到心中一陣**絞痛**，他閉上眼睛，用力地抖一抖身上的大衣，彷彿要和過去**訣別**似的，一個急轉身就走。

然而，就在這時，他身後響起了一個清脆的聲音：「**媽媽！**我去豬大媽的雜貨店幫忙，中午回來吃飯！」

唐泰斯心頭一顫，急急回過頭去，只見一個少年穿過晾曬着的衣物，踏着輕快的步伐往自己的方向走來。他**落荒而逃**似的加快腳步，匆匆閃進了另一個街角。

待那少年走遠了，唐泰斯才想起，那個就是在墳場裏見到的少年。他是美蒂絲的小兒子。

「對了，我雖然不該打擾美蒂絲的生活，但可以在遠處**默默守護**着她呀。」唐泰斯看着少年遠去的背影，剛才的悲傷已緩緩消散。他突然醒悟，自己現在**家財萬貫**，可以為美蒂絲做的事多着，不必就此**拂袖而去**呀。

「對，為了她的幸福，我應該暗地裏幫忙！第一步，就是要了解她的家庭。」

想到這裏，唐泰斯立即急步往那少年追去。他知道，只要找到機會接近那個少年，就可以從他身上打聽到美蒂絲的家庭狀況了。他追近了後，就悄悄地跟在少年後面，靜候「**偶然相遇**」的時機。

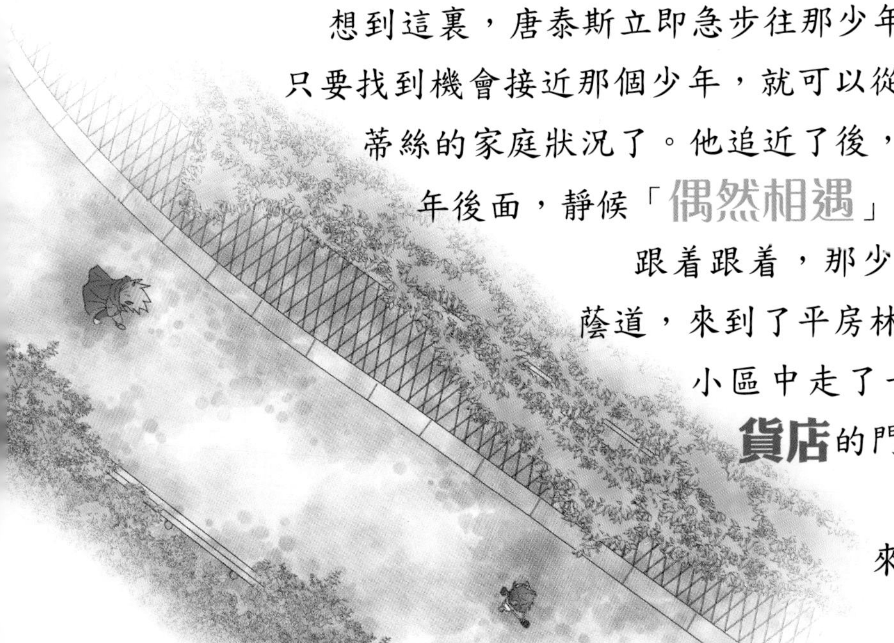

跟着跟着，那少年穿過了一條林蔭道，來到了平房林立的小區。他在小區中走了一會，在一間**雜貨店**的門前停了下來。

「豬大媽，我來了！」少年喊了

一聲，然後走進店內。

「剛才聽到他說要去『豬大媽的雜貨店幫忙』*，難道他在這間店當小廝？ 年紀這麼小，就要兼職幫補家用嗎？」唐泰斯憂心地放慢腳步，緩緩地往那間雜貨店走去。

然而，就在這時，那少年突然驚恐萬分地奔出，唐泰斯躲避不及，已被他一眼看到了。

「**先生！先生！不得了！不得了呀！**」

那少年彷似看到救星似的，一邊大叫一邊跑過來。

「怎麼了？發生了甚麼事？」唐泰斯知道已避無可避，就主動迎上去問。

「請問……請問這附近……哪裏可以找到醫生？」少年跑到唐泰斯跟前，氣喘吁吁地問道。

「找醫生？找醫生幹甚麼？」

「豬大媽……豬大媽她……她……倒在地上不省人事啊！」

「不省人事？」唐泰斯不及細想就說，「我懂得急救，你帶我去看看。」

少年拉着唐泰斯的手說：「太好了！先生，請你跟我來！」

「你先冷靜一下，究竟發生了甚麼事？」唐泰斯問。

「嗯！」少年用力地吸了一口氣，邊急步走邊說，「我逢週末都去豬大媽的雜貨店做幫工，剛才如常去到時，卻看見洗衣店的哈梅林太太被嚇得臉色發青，全身顫抖。」

「她看到了甚麼？為何會全身顫抖？」

「因為豬大媽倒在地上，她面朝天，不斷地發出『呼——呼——』的喘氣聲。」少年緊張地說，「我大聲叫她，又搖她的手，但她就像死了似的，一點反應也沒有。於是，我叫哈梅林太太看着她，自己就跑出來找人幫忙了。」

* 有關夏洛克與豬大媽的認識經過，請參閱《大偵探福爾摩斯㉕指紋會說話》。

「很好，你很勇敢。」唐泰斯稱讚道。

說着說着，兩人已快步走到店前，他們穿過堆滿了雜貨的店頭，走進了店內的飯廳。

果然，一個中年婦人半張着眼睛仰卧在地上，不用說，她就是少年口中的**豬大媽**。另一個臉色發青的中年婦人則**手足無措**地站在她的旁邊，看來就是**哈梅林太太**。唐泰斯看到豬大媽的胸口在呼吸中微微地起伏着，看來仍有氣息。於是，他蹲下來，擦亮一根火柴，翻開她半閉的眼睛，把火柴放在她的眼前來回晃動了幾下，測試了一下她的瞳孔反應。然而，就在這時，豬大媽起伏的胸口忽然靜止了。

唐泰斯慌忙拿起豬大媽的手，為她把起脈來。

一下、兩下、三下、四下……脈膊非常弱，只是忽斷忽續地微微跳動。不一刻，脈膊也完全停了。

唐泰斯赫然一驚，馬上把雙手疊於她的胸口之上，用力地壓一下又放一下，做起**心外壓**來。

「怎……怎麼了？」少年慌張地問。

「她心臟病發，心跳停了。」唐泰斯邊壓邊說，「我現在用心外壓，刺激她的心臟回復跳動。」

壓了幾十下後，唐泰斯又為豬大媽做口對口**人工呼吸**，這兩組動作重複做了幾次後，他終於停下來，用手背擦了一下額頭上的汗水，說：「她已回復了心跳，應該沒生命危險了。」

「啊……」少年鬆了一口氣。

「幸好你求救及時，要是稍為延遲兩三分鐘，就算醫生來到也**返魂乏術**了。」唐泰斯說。

「謝謝你救了豬大媽。」少年惶恐之色漸褪，有禮地道謝。

「別客氣，這是應該的。對了，勇敢的小朋友，我還沒請教你的名字呢。」

「啊，我嗎？我叫夏洛克。」少年尷尬地說，「全名是**夏洛克·福爾摩斯**。」

「**夏洛克·福爾摩斯**嗎？我會記住這個名字。」唐泰斯慈祥地笑了一下。

然後，他轉過頭去，向仍然呆站着的洗衣店老闆娘說：「太太，你可以去找一個醫生來嗎？記住，要說病人心臟病發，已搶救過來，但仍須接受治療。」

「啊……好的……」哈梅林太太**如夢初醒**般點點頭，當她正想往店頭走去時，外面忽然傳來了一陣無禮的呼喊：「**喂喂喂！**怎會沒人看店的？我想買糖果呀！有生意也不想做嗎？」

「唔？聽聲音像個小孩，夏洛克，你去告訴他，說今天提早關門。」

「嗯。」夏洛克點點頭，轉身往店頭走去。

不一刻，外面又傳來剛才那個小孩的聲音：「甚麼？提早關門？本少爺的生意也不做，你是瞧不起我嗎？你知道我是誰？我**行不改名坐不改姓**，本少爺就是——」

「你怎可這樣**蠻不講理**！」夏洛克未待對方說完，已高聲搶道，「店主在裏面昏倒了，所以才提早關門呀！」

「甚麼？店主昏倒了？讓我進去看看！」

「不！你不可以——」

唐泰斯聽到一陣急促的腳步聲傳來，抬頭一看，只見一個**胖嘟嘟**的少年已衝到眼前。

「**呀！**你不是桑代克先生嗎？」胖少年叫道。

「啊？原來是**猩仔**，怪不得剛才的聲音好熟。」唐泰斯也感到意外，他與猩仔一別數月，沒想到會在這裏再碰面。他心想，今天為了掩飾身份，已化身成桑代克，此時正好代入這個**虛構的身份**中去。

「**不得了！**真的有人昏倒了呢！」猩仔看到地上的豬大媽，驚詫地叫道。

「先生，你認識他？」追進來的夏洛克問。

桑代克正想回答時，豬大媽剛好張開了眼睛，她看了看桑代克，又看了看夏洛克，有氣無力地問：「發生……發生了甚麼事？」

夏洛克走到豬大媽身旁蹲下，說：「你剛才昏倒了，是這位先生救醒你的。」

「啊……是嗎？謝謝你。」豬大媽向唐泰斯道謝。

「**哇！**」突然，猩仔大叫一聲，把眾人嚇了一跳。

「怎麼了？」桑代克問。

「桑代克先生！」猩仔拿着一個**玻璃瓶**，「你看！**瓶上有血！**」

「甚麼？」桑代克感到意外，「你在哪兒撿到的？」

「桌子下面呀，你沒看到嗎？」猩仔說着，把瓶子遞了過去。

「我剛才忙於急救，沒注意到。」桑代克接過瓶子，仔細地檢視了一下說，「真的有些**新鮮的血跡**呢。」

「啊……」看到瓶上的血跡，哈梅林太太不禁低聲地驚叫。

「你認得這個瓶子嗎？」桑代克向豬大媽問道。

「這……這瓶子嗎？原本是放在壁爐旁的。」

「那麼，你是不是被人**襲擊**才昏倒的？」

「襲擊？不……不會吧。」

桑代克把手伸到豬大媽的後腦摸了摸，他感到黏糊糊的，不禁大吃一驚。

「你後腦流血，瓶子上又有血跡……」桑代克沉吟半晌，「看來，你心臟病發，也是因為**突如其來**的襲擊引起的。」

「是嗎……？」豬大媽的眼神游移不定，好像憶起了甚麼。

「豬大媽，你想想，是否曾有人用瓶子**打**你？」夏洛克緊張地問。

「這麼說來……」豬大媽吞吞吐吐地憶述，「剛才……我正想去後院取東西，突然……後腦……感到一陣劇痛，胸口又傳來……一陣絞痛，就失去了……知覺。」

「**是謀殺！有人想殺死你！**」猩仔煞有介事地說。

「哎呀，還未調查清楚，別妄下結論啊。」桑代克沒好氣地說。

「對了……」哈梅林太太驚魂甫定，她戰戰兢兢地憶述，「我剛才在店外大聲叫豬大媽，由於沒有人回應，就走進來看看。當時，看到**一個男人**往後院離開。」

「啊？那麼，你看到他是甚麼人嗎？」桑代克問。

「我只看到他的背影，好像是……」哈梅林太太說到這裏時，不期然地看了看豬大媽。

「好像是甚麼？難道你認得那人？」桑代克追問。

「**吭吭吭。**」忽然，豬大媽咳了幾下。

「啊……沒甚麼，我只是……只是看到那人好像……好像走得很匆忙罷了。」哈梅林太太有點慌張地補充道。

「就算不是謀殺，也是暴力傷人！是嚴重罪行，必須把犯人**捉拿歸案！**」猩仔握着拳頭，興奮地說。

「我們是否應該去報警？」夏洛克問。

「**不！不要報警！**」桑代克未及回應，豬大媽已慌忙喝止。她一邊用手撐起身體一邊說：「我……我沒事，我最怕麻煩。我可以起來了，我沒事了。」

桑代克和夏洛克連忙扶起豬大媽，讓她坐到椅子上。這時，桑代克看到桌子上有一份**早餐**。那只是一杯紅茶，和一塊長棍麵包拌茄汁黃豆，非常簡樸。他注意到紅茶喝剩半杯，麵包則被撕得**支離破碎**，脆硬的碎屑都散落在碟子四周。

「哈梅林太太，快去叫醫生吧。」桑代克提

醒後，就叫夏洛克找來一塊乾淨的布，為豬大媽包紮後腦的傷口。其間，猩仔在屋內忙碌地**走來走去**，一時走到店頭**東摸摸西摸摸**，一時又回到飯廳來四處張望，就像在找尋甚麼線索似的。

桑代克心中覺得好笑，但沒有阻止這個**好管閒事**小傢伙。他只是一邊包紮一邊閒話家常似的向豬大媽問道：「你的**早餐**還未吃完呢。」

「啊……」豬大媽含糊地應道，「是的。」

「這**前鋪後居**就只有你一個人住嗎？」

「是的，外子已死去多年，只有我一個人住。」

「你有**仇人**嗎？」

「仇人……？沒有吧。」

「那麼，最近有沒有**得罪**過甚麼人？」

「沒有呀。我的顧客都是附近的街坊，不會得罪人。」

「除了那個襲擊你的人之外，今早有人來過嗎？」

「有幾個老顧客曾來買東西，除此之外，沒人來過。」

「那麼——」桑代克往牆上的掛帽架一瞥，**出其不意**地問，「那頂是**男人的帽子**，你認得是誰的嗎？」

「啊……」豬大媽赫然一驚，看了看那帽子，「不……不知道啊。我……我沒見過那頂帽子。」

「會不會是那個襲擊者留下的呢？」夏洛克問。

「很有可能。」桑代克說着，小心地觀察豬大媽的反應。

「**哇！不得了！大發現呀！大發現！**」猩仔突然從後院跑進來，亢奮地亂叫亂嚷。

「哎呀，給你嚇壞了。你可以輕聲一點嗎？」桑代克沒好氣地說。

「我在**後院的角落**，找到這個呀！」猩仔跑過來，把手上的一隻**錢包**遞了過去。

豬大媽看到，有點恐慌地摸了摸自己的口袋，說：「啊……那……那是我的。」

「我已搜過了，裏面**空空如也**，錢都給掏光了！」猩仔大聲說。

桑代克想了想，向豬大媽問道：「本來是有錢的吧？」

豬大媽猶豫地點點頭：「有是有的，但不多。」

「**哼！這是謀財害命！**」猩仔誇張地說，「錯不了！一定是謀財害命！」

「不……不會吧。」豬大媽擔心地說。

「猩仔，剛才不是說了嗎？未有足夠證據前，先不要急於下結論。」桑代克說，「不過，綜合目前的**證據**和**證詞**看來，案發時是這樣的……」

有人闖進這裏，撿起**玻璃瓶**從後襲擊豬大媽，把她打暈後隨手扔掉瓶子，然後搶走了豬大媽身上的**錢包**。這時，剛好哈梅林太太來訪，那人聽到她的聲音後，匆忙往後院逃走。逃到後院時，他取走了錢包內的**鈔票**，並把錢包丟到地上。

!!

哈梅林太太看到那人的背影，並發現豬大媽倒在地上，嚇得呆了。

桑代克剛說完，哈梅林太太已領着一個醫生匆匆趕到。那醫生為豬大媽診視了一遍後，認為必須去醫院做一次詳細檢查。豬大媽本來不太願意，但在眾人的勸說下，就**勉為其難**地與哈梅林太太一起登上醫生的馬車往醫院去了。

待他們離開後，猩仔不滿地嘟噥：「桑代克先生，真的不用**報警**嗎？這是入屋行劫，而且還傷了人啊！」

「你沒看到嗎？豬大媽不想報警啊。」桑代克說，「而且，看來她有**難言之隱**，貿然報警會讓她難做。」

「難言之隱？甚麼意思？」夏洛克好奇地問。

「各種跡象顯示，豬大媽很可能**認識施襲者**，不想警方抓到他。」

「**各種跡象？**有嗎？快說來聽聽！」猩仔興奮地追問。

「好的。」桑代克點點頭，逐一道出了他的觀察和推理。

❶ 帽子：掛在帽架上的帽子顯示，施襲者應與豬大媽認識，所以進來時才會**把帽子掛好**。

❷ 早餐：桌上的早餐不是豬大媽吃剩的，因為我為她進行人工呼吸時，她口中沒有紅茶和麵包的氣味。所以，很可能是她**弄給施襲者吃的**。這印證了❶的推論。

❸ 麵包碎：桌上的麵包碎顯示，施襲者**心情煩躁**，一邊說話一邊撕麵包。看來，他邊吃早餐邊問豬大媽**借錢**，但豬大媽不肯。

❹ 玻璃瓶：他隨手撿起玻璃瓶施襲，很明顯是**隨機犯案**，職業慣匪應會準備刀之類的武器。就是說，他本來只想借錢，遭拒後就強搶。

❺ 錢包：豬大媽的錢包被掏空了，顯示施襲者**為錢而來**，印證了❸和❹的推論。

❻ 哈梅林太太的證詞：她看到施襲者的背影，想說出他是誰時，豬大媽假咳阻止，顯示豬大媽不想**暴露他的身份**。

❼ 豬大媽的反應：所以，她不肯報警，是為了**保護施襲者**。

「**哇！**桑代克先生你好厲害啊！甚麼都給你看穿了呢！」猩仔讚道。

「可是，現在我們該怎辦？」夏洛克有點擔心地問，「如果那個施襲者認識豬大媽，他可能還會來找她麻煩，我們總不能**坐視不理**吧？」

「唔……」桑代克想了想，向兩人問道，「你們有何建議？」

「還用說嗎？當然是去揪出犯人，把他**繩之以法**啦！」猩仔想也不想就說。

「可是……我們不是警察，又怎樣去找那個犯人？」夏洛克沒有信心地說。

「**哎呀！**你不知道桑代克先生是**蘇格蘭場**的人嗎？」猩仔煞有介事地指着唐泰斯說，「他就是警察呀！我還和他一起破了一宗**燈塔殺人案**呢！哇哈哈！想起來也覺得好刺激啊！我一腳踢向兇手的肚子，就把他——」

「哎呀，夠了、夠了！」桑代克知道他說起來就會**沒完沒了**，慌忙制止。

「最精彩的還未講啊！」猩仔不滿地說。

「原來……你是蘇格蘭的警察嗎？」夏洛克驚訝地看着唐泰斯。

「不，他誇大了。我只是**法醫**，負責驗屍的工作。」

「差不多啦！都是為了抓捕犯人呀。」猩仔眼珠子一轉，機靈地說，「桑代克先生，不如我們一起合作，讓這小子見識一下**搜證的工作**，好嗎？」

「和你合作？這主意有趣。」桑代克笑道，「不過，你得先回答這個問題——這兒是**犯罪現場**，如果你是警察的話，首先會做甚麼？」

「我嗎？」猩仔**裝模作樣**地托着腮子，「唔……玻璃瓶和錢包都給我找到了，你又發現了早餐和帽子的秘密，還有其他事情沒幹嗎？」

「**帽子！**」夏洛克突然說，「我們既然知道帽子是犯人的，該從帽子開始調查呀！」

「嘿嘿嘿，你的**着眼點**不錯，**一針見血**地指出了必須檢視的證物。」桑代克稱讚道。

猩仔有點不服氣，撇嘴道：「我的着眼點才厲害呀！一下子就找到玻璃瓶和錢包啊！」

「嘿嘿嘿，你是個有經驗的**小偵探**嘛，找到證物是**理所當然**的呀。」

「啊？你認為我是個小偵探？」猩仔喜不自禁，「嘻嘻嘻，你這樣誇獎我，真叫人有點不好意思呢。」

「你何時變得這麼謙虛了？」桑代克說着，走去把帽子拿了過來，**小心翼翼**地放到桌上。

「帽子看來雖然普通，其實隱藏着很多**信息**，你們知道是甚麼嗎？」桑代克問。

猩仔湊到帽子前面，看了又看，說：「唔……這帽子實在太普通了，怎會有甚麼信息啊？」

「我知道！」夏洛克說，「可以從帽子的大小，計算出戴帽者**頭顱的大小**。」

「還有呢？」

「還有……」夏洛克想了想，「可以從帽子牌子知道它的**生產地**。」

「還有呢？」

「還有就是，可以從料子是否名貴，知道帽

子的主人**是否有錢**。」

「**喂喂喂！**你怎可以全部都搶答了！」猩仔不滿地嚷道，「我呢？要留一些給我答呀！」

「好！猩仔，你答吧。」桑代克笑道。

「我嗎？唔……從這帽子可以知道……」猩仔想了想，信心十足地說，「對！可以知道**這帽子的主人是個男人！**」

聞言，桑代克和夏洛克被嚇得腳一歪，幾乎同時摔倒。

「算了，讓我來看看這帽子吧。」桑代克說着，看了一下帽子的表面，又用鼻子嗅了嗅。接着，他把帽子**反轉**，仔細地檢視起它的內部來。

「唔？」

「怎麼了？」夏洛克問。

「**你們看，帽子的防汗帶下面夾着一些紙呢。**」桑代克眼底閃過一下寒光。

（下回預告：桑代克通過精密分析，從帽子防汗帶下的紙張碎片中，竟然找出重要線索，直逼襲擊豬大媽的犯人！）

拍翼蝙蝠紙飛機

巧手工坊

親子

用一張紙，就能摺一架蝙蝠紙飛機。它在飛行時擺動雙翼，遠看像一隻蝙蝠在天空飛翔。

我是蝙蝠頑皮貓。

所需材料

剪刀

p.33 紙樣

＊使用利器時，須由家長陪同。

掃描 QR Code 可觀看製作短片。

製作難度：★☆☆☆☆　製作時間：20 分鐘

製作流程

1 蝙蝠紙樣朝上，沿對角線對摺後，打開。

小提示：固定兩邊角的位置後才壓平，斜角才會好看。

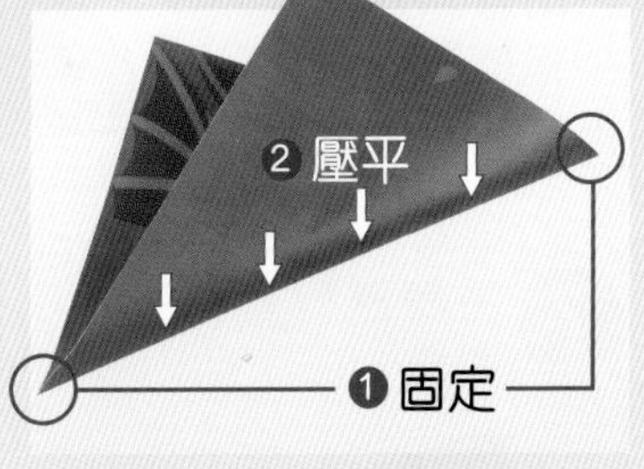

2 壓平
1 固定

2 上下兩邊對摺，如圖摺成長方形，然後輕按中間的摺痕。

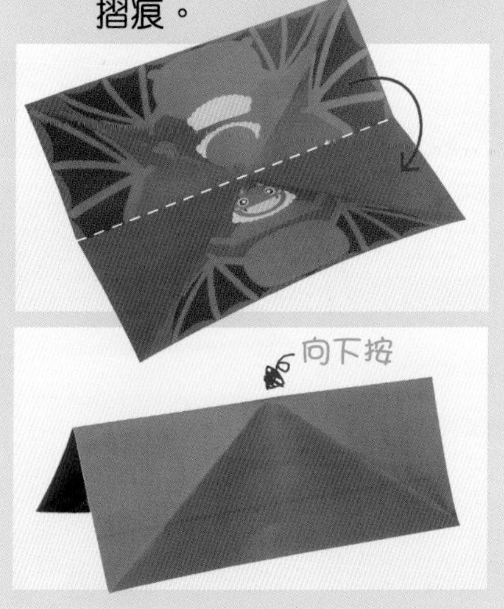

向下按

3 拉着兩端，順着摺痕往中間收起，然後壓實。

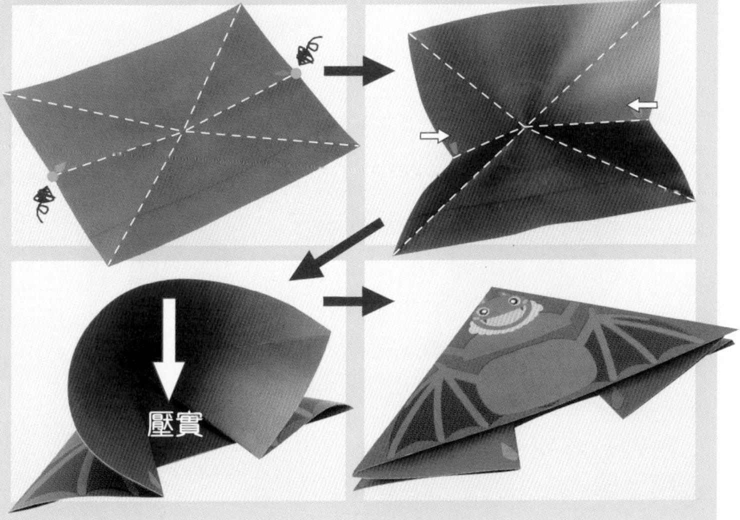

壓實

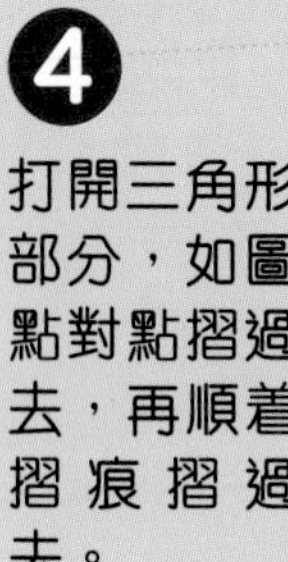

打開三角形部分，如圖點對點摺過去，再順着摺痕摺過去。

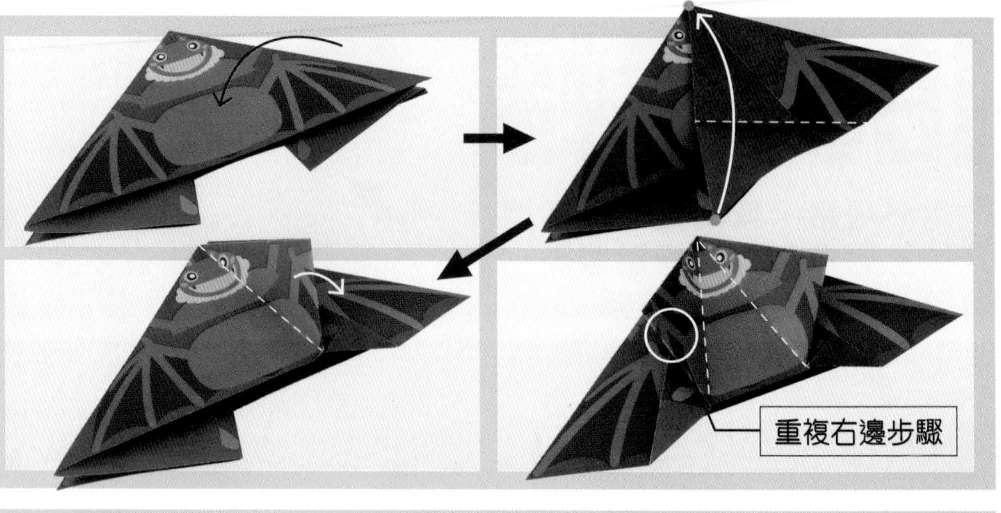

重複右邊步驟

5 如圖摺五角形部分。

尖角向下摺
再向上摺

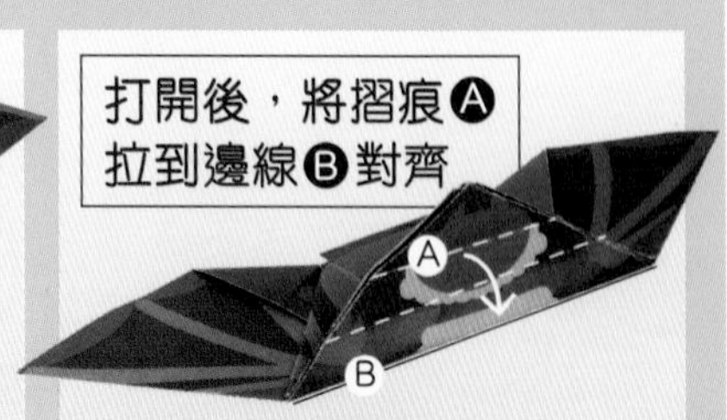

打開後，將摺痕Ⓐ拉到邊線Ⓑ對齊
A
B

6

如圖摺翼的部分，將兩邊斜邊向綠點手指位置摺過去，再打開。

翻面，將兩邊三角形向上摺後打開

7 將身體對齊，左右對摺。

兩邊沿着第一道摺痕向下摺

完成！
這是背面

沒有紙樣了。
你還可以用A4紙代替。

飛行小貼士

每次飛行前，可嘗試調整尾翼角度。

❶ 三角形部分向內摺後打開。

❷ 左右兩側向外摺。

❸ 在交接位置稍微屈曲。

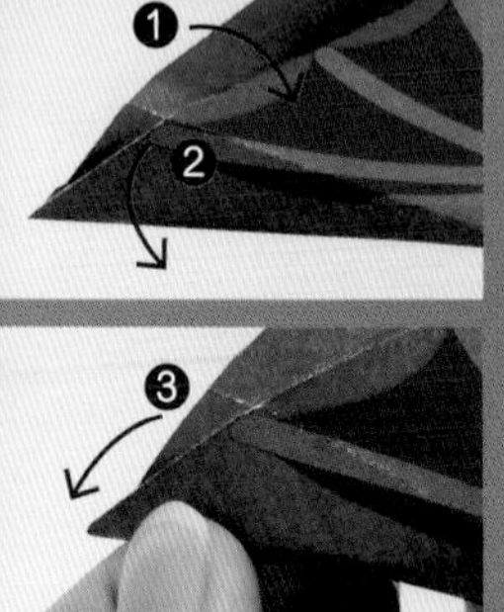

1
2
3

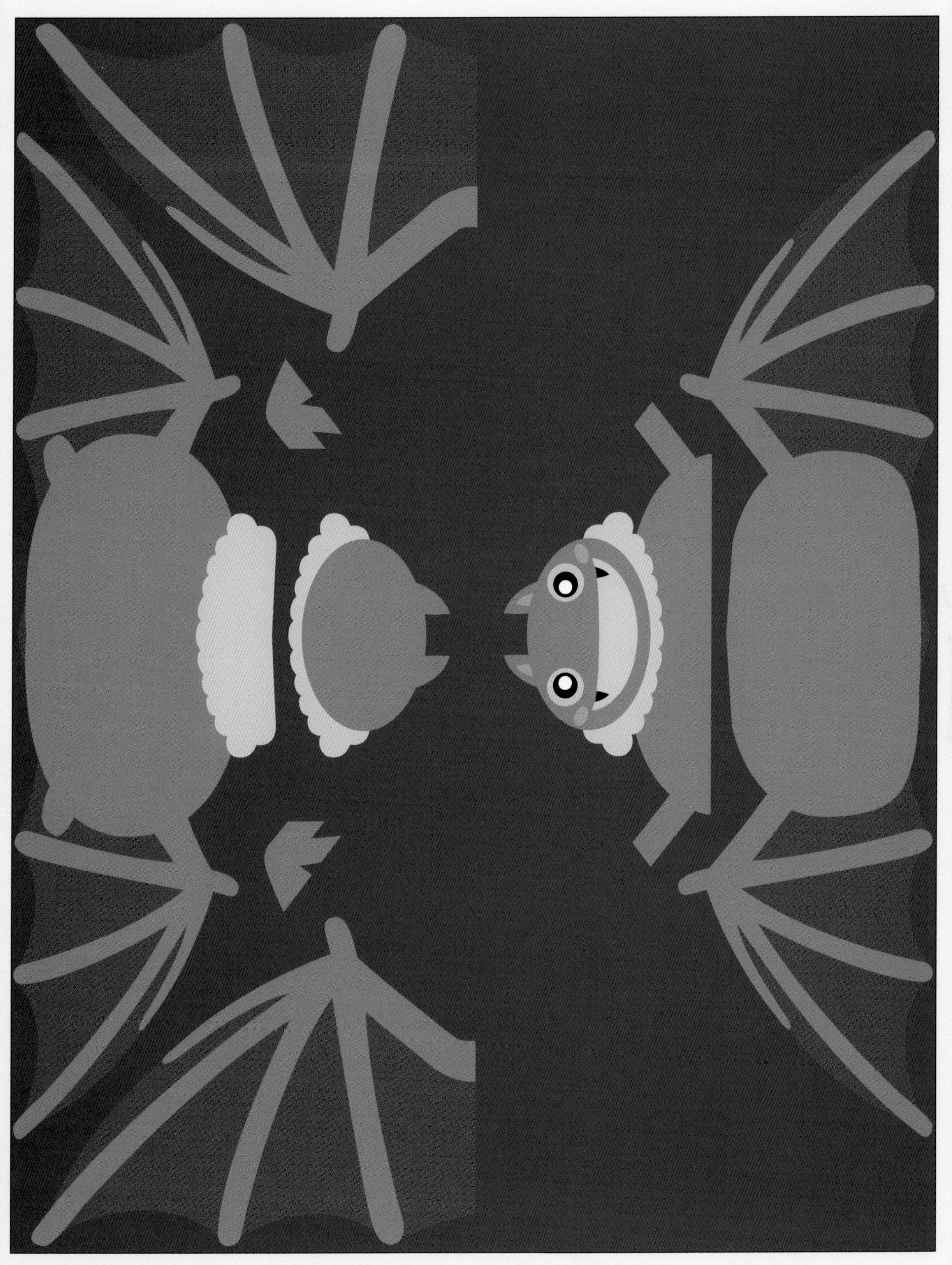

大偵探福爾摩斯 SHERLOCK HOLMES 系列

網購即上
www.rightman.net

大偵探
M博士外傳
福爾摩斯
SHERLOCK HOLMES
⑤惡貫滿盈
內附唐泰斯匙扣乙個
厲河=改編
陳秉坤=繪畫
奧斯汀·弗里曼=原著
匯識教育有限公司

M博士外傳

❺ 惡貫滿盈

幕後黑手維勒福派出殺手突襲唐泰斯！究竟唐泰斯能否逃過一劫，打倒最後的仇人呢？

隨書附送唐泰斯匙扣！

英文版

⓮ 瀕死的大偵探

黑死病侵襲倫敦，大偵探也不幸染病，危在旦夕！究竟病菌殺人的背後隱藏着甚麼不可告人的秘密？

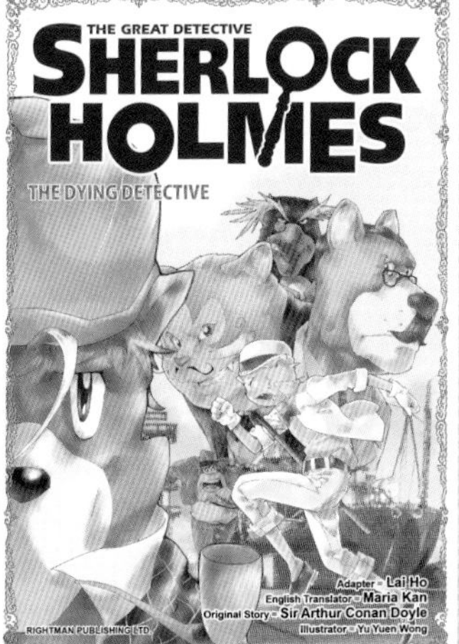
THE GREAT DETECTIVE
SHERLOCK HOLMES
THE DYING DETECTIVE
Adapter - Lai Ho
English Translator - Maria Kan
Original Story - Sir Arthur Conan Doyle
Illustrator - Yu Yuen Wong
RIGHTMAN PUBLISHING LTD

大偵探 漫畫版 福爾摩斯 CK HOLMES

無聲的呼喚

匯識教育有限公司

漫畫版

❿ 無聲的呼喚

不肯說話的女孩目睹兇案經過，大偵探從其日記查出真相，卻使真兇再動殺機，令女孩身陷險境！

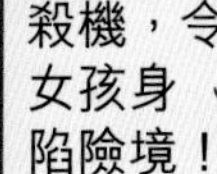

大偵探
福爾摩斯
SHERLOCK HOLMES
四字成語 101 ②
【手舞足蹈】
【笑逐顏開】
《兒童的學習》編輯部=編撰
厲河=監修
匯識教育有限公司

四字成語 101 ❷

收錄101個成語，配合小遊戲和豐富例句，提高閱讀及寫作能力！

【踽踽獨行】
行屍
倒行
行舟
風行

英文填字遊戲

遊戲分三個階段，學習超過1000個英文生字。每個考驗附有「實用小錦囊」，介紹生字相關文法知識、中英對照例句及西方文化。

增強英語詞彙能力
大偵探
福爾摩斯
SHERLOCK HOLMES
英文填字遊戲
50篇
可以學會超過1000個英文生字!!
天海 志 編著
適合高小或以上程度
匯識教育有限公司

成語
小遊戲

語文

在今期的《大偵探福爾摩斯》中，少年福爾摩斯與唐泰斯終於相遇了！在看精彩故事的同時，有學會裏面的成語嗎？

〔萬念俱灰〕

所有念頭想法都化成了灰，形容極度失望。

「可是……你卻改嫁了……你沒有等我，就改嫁了……」唐泰斯想到這裏，不期然地流下了眼淚，「我知道，你一定以為我在獄中死了。我明白……你沒有理由去等一個已死的人……你一定是**萬念俱灰**，所以……所以你只好改嫁……」

很多成語都與思想及心情有關，你懂得以下幾個嗎？

茅塞□□　如被茅草塞着的思緒，突然變得清晰。

深謀□□　指訂立的計劃周詳，想得也很長遠。

□□重負　如放下了重擔，心情輕鬆愉快。

□□生情　因為眼前的景物，而喚起內心的情緒。

表示失去知覺，昏迷不醒。

〔不省人事〕

「請問……請問這附近……哪裏可以找到醫生？」少年跑到唐泰斯跟前，氣喘吁吁地問道。

「找醫生？找醫生幹甚麼？」

「豬大媽……豬大媽她……她……倒在地上**不省人事**啊！」

很多成語都與「不」字有關，你懂得用「絡繹、厭詐、雞犬、而走」來完成以下句子嗎？

①他樂善好施，經常出錢出力幫助貧苦大眾，所以慈善家之美譽不脛□□。

②雖然對方説不和我們競爭，但兵不□□，還是要小心提防啊！

③他每次來到都會大吵大鬧，弄得□□不寧，大家都怕了他。

④因受疫情影響，以前遊人□□不絕的景點都變得很冷清。

〔謀財害命〕

為了錢財而傷害別人的性命。

唐泰斯想了想，向豬大媽問道：「本來是有錢的吧？」

豬大媽猶豫地點點頭：「有是有的，但不多。」

「哼！這是謀財害命！」猩仔誇張地說，「錯不了！一定是**謀財害命**！」

以下的字由四個四字成語分拆而成，每個成語都包含了「謀財害命」的其中一個字，你懂得把它們還原嗎？

謀提虎馬 ____________

羣財耳傷 ____________

民與害勞 ____________

皮面之命 ____________

〔難言之隱〕

「你沒看到嗎？豬大媽不想報警啊。」唐泰斯說，「而且，看來她有難言之隱，貿然報警會讓她難做。」

「**難言之隱**？甚麼意思？」夏洛克好奇地問。

藏在心中，難以說出來的事情。

「各種跡象顯示，豬大媽很可能認識施襲者，不想警方抓到他。」

很多成語都與「言」字有關，右邊五個全部被分成兩組並調亂了位置，你能畫上線把它們連接起來嗎？

食言●	●逆耳
微言●	●而肥
妖言●	●聳聽
忠言●	●惑眾
危言●	●大義

答案：

萬念俱灰：茅塞頓開、深謀遠慮、如釋重負、觸景生情

不省人事：①不脛而走 ②兵不厭詐 ③雞犬不寧 ④絡繹不絕

謀財害命：與虎謀皮、勞民傷財、害群之馬、耳提面命

難言之隱：食言而肥、微言大義、妖言惑眾、忠言逆耳、危言聳聽

簡易
小廚神

通識

親子

一口茄汁蛋包飯

說到吸血鬼，首先想到的當然是血！貌似血的茄汁不但毫不可怕，反而酸甜味道深得小朋友喜愛，它還可以製作多種菜式呢！

製作難度：★★★☆☆
製作時間：45分鐘

將蛋包飯變成一口分量，就方便進食啦！

掃描 QR Code
可觀看製作短片

所需材料

洋蔥1/2個
紅蘿蔔1/3條
熟米飯2碗
翠玉瓜1/3條
火腿2片
雞蛋3隻
鹽適量
芝麻1茶匙
茄汁2湯匙
麻油1茶匙

1. 將火腿、洋蔥、紅蘿蔔、翠玉瓜切至細碎。
*使用利器時，須由家長陪同。

2. 將雞蛋發打，下少量鹽調味。

3. 中火熱鑊下油，放入做法❶材料炒至軟身。

*使用爐具時，須由家長陪同。

4. 加入熟米飯同炒。

5. 下茄汁及適量鹽調味。

6 加入芝麻及麻油炒勻。

7 盛起炒飯，在室溫下放涼。

8 將做法❼搓成一個個長形小飯糰（約長5cm），備用。

9 小火熱鑊下油，舀3茶匙蛋漿下鑊，形成長方形。

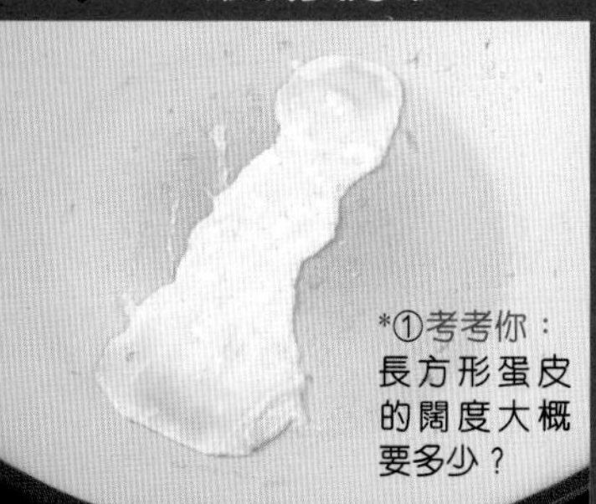

*①考考你：長方形蛋皮的闊度大概要多少？

10 將做法❽小飯糰鋪在蛋皮邊緣，捲好後盛起。

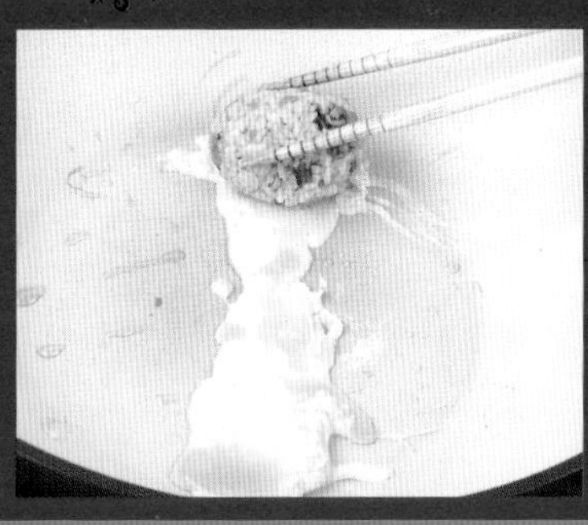

*②考考你：應該在甚麼時候鋪上飯糰？

11 將一個個一口蛋包飯盛盤，在面頭擠上茄汁（材料分量以外）。

完成！

蛋包飯放涼了也可當作一般飯糰吃啊！

答案：①闊度為小飯糰的長度，剛好能將飯糰包裹。②待蛋皮呈半熟狀態便要鋪上飯糰，以免蛋皮過熟變老。

日本人的國民美食—蛋包飯

傳統蛋包飯

蛋包飯（omelet rice）起源於19世紀的日本，由法式奄列（omelet）演變而成，顧名思義，最基本做法是將蛋皮包裹着番茄雞肉炒飯形成橄欖狀蛋包飯，面頭澆上茄汁，精緻賣相加上酸甜味道深得日本人喜愛，成為最具代表性日式西餐。

除了傳統做法，近年日本也出現一些新派蛋包飯，包括在炒飯上鋪上半熟炒蛋，也有將橄欖形蛋包鋪在飯上，食用時將蛋皮切開，蛋包的半熟蛋汁將飯完全覆蓋（稱為蒲公英蛋包飯）。醬汁也發展至咖喱汁、牛肉汁口味。就連便利店也推出蛋包飯糰，輕便之餘隨時隨地也可以吃了。

新派蛋包飯

知識小遊戲 通識 語文

腦力思維大考驗

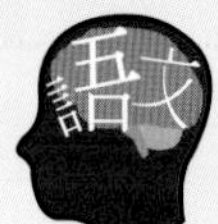

語文題

❶ 英文拼字遊戲

根據下列 1~5 提示，在本期英文小說《大偵探福爾摩斯》的生字表（Glossary）中尋找適當的詞語，以橫、直或斜的方式圈出來。

H	C	B	Z	S	E	D	Q	U	N	N	W
D	H	L	K	I	T	O	W	C	Y	L	R
E	K	J	P	L	A	S	M	O	R	E	I
C	M	Y	A	H	C	U	H	E	F	M	N
E	L	I	S	O	K	J	B	C	N	L	K
I	J	U	P	U	L	A	J	M	I	U	L
V	B	X	D	E	A	D	P	A	N	J	Y
E	E	P	I	T	D	Q	T	M	Q	C	S
A	F	V	C	T	F	B	S	R	Y	M	F
O	G	R	U	E	S	O	M	E	Z	D	W

例（動詞）欺騙
1.（名詞）輪廓
2.（形容詞）毫無表情的
3.（形容詞）滿是皺紋的
4.（名詞）預兆
5.（形容詞）恐怖的、可怕的

❷ 看圖組字遊戲

試依據每題的圖片或文字組合成中文單字。

例

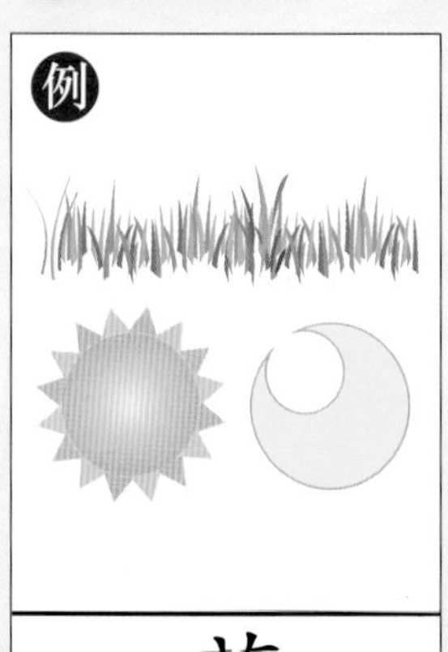

萌

a

______

b

______

c

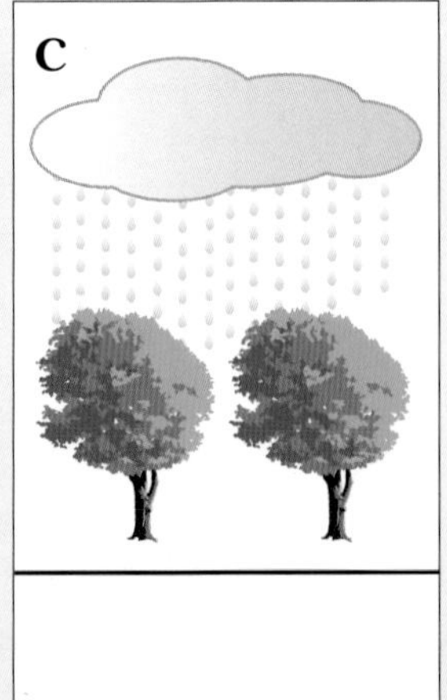

______

推理題

❸ 黑白積木

桶內共有80塊積木，黑、白色各40塊。你能根據圖中積木的排法，計算出桶內還有多少塊黑、白色積木嗎？

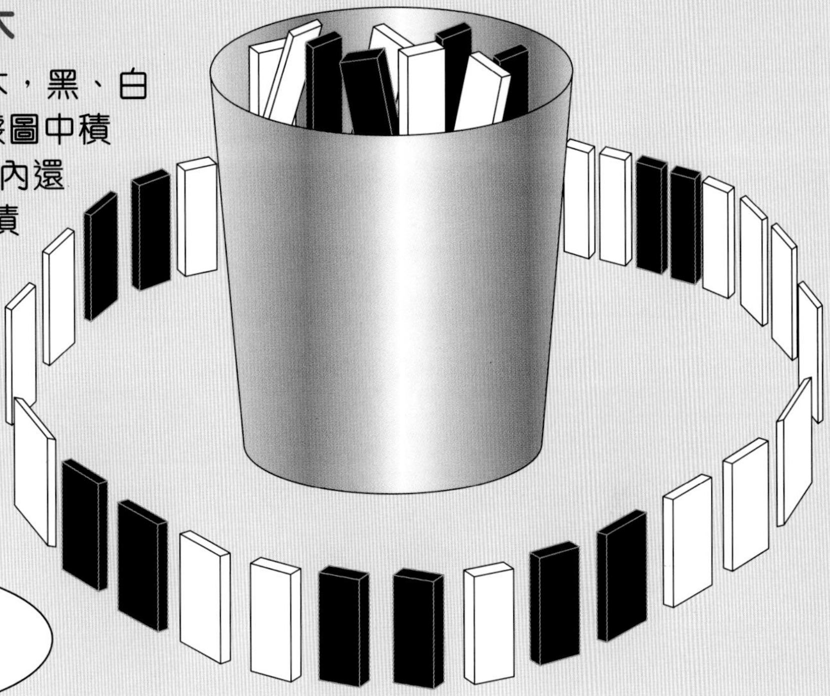

要留意積木顏色的排列規律啊！

數學題

❹ 趣味加減運算

在空格內填上運算符號「＋」或「－」，令算式成立。

1□2□3□4□5□6□7□8□9=1

答案

1.

H	C	B	Z	S	E	D	Q	U	N	N	W
D	H	L	K	I	T	O	W	C	Y	L	R
E	K	J	P	L	A	S	M	O	R	E	I
C	M	Y	A	H	C	U	H	E	F	M	N
E	L	I	S	O	K	J	B	C	N	L	K
I	J	U	P	U	L	A	J	M	I	U	L
V	B	X	D	E	A	D	P	A	N	J	Y
E	E	P	I	T	D	Q	T	M	Q	C	S
A	F	V	C	T	F	B	S	R	Y	M	F
O	G	R	U	E	S	O	M	E	Z	D	W

2. a. 沐　b. 闖　c. 霖

3. 桶內還有 26 塊黑色積木和 12 塊白色積木。
由中間的一塊白色積木順時針方向開始數，每隔 2 塊黑色積木就多了 1 塊白色積木，如此類推，砌出圖中圓形就要用 14 塊黑色積木和28塊白色積木。由於黑、白色積木各有 40 塊，所以將 40 分別減去 14 和 28，就能計算出桶內黑、白色積木的數量。

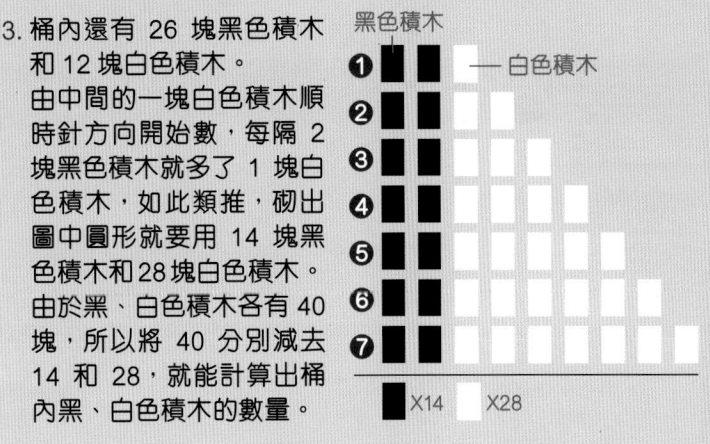

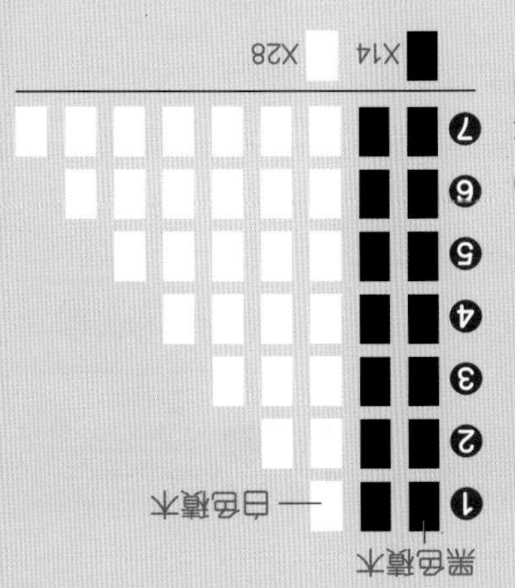
黑色積木
白色積木
❶
❷
❸
❹
❺
❻
❼
X14
X28

4. 1＋2＋3＋4－5＋6＋7－8－9=1

讀者信箱

不知道大家對吸血鬼有甚麼看法？坦白說小編小時候相信有吸血鬼存在，更害怕得每晚將被子緊緊蓋着頸部以防被吸血呢（哈）！

《兒童的學習》編輯部

讀者意見區

後期的主題我想要繪畫或交通工具，因為我特別喜歡它們。希望你們設定後期的主題是它們其中一個。

應卓峰

《兒童的學習》的過去期數曾介紹鐵路、巴士、艦船、飛機等交通工具，也曾教授怎樣繪畫華生、小兔子、愛麗絲等呢，將來也可就此再作深入探討和介紹。

讀者意見區

我希望兒學可以一週出版一次。因為十分好看，而且我很想知道M博士和維勒福的結果

Chan Long Him, Luther

一周出版一次難度有點高呢，不過仍然很感激你那麼喜愛《兒童的學習》。維勒福已在第58期得到應有的結果，至於M博士，請繼續看下去吧！

插圖畫廊

讀者意見區

剛仔被捉了！

請評分！1-10分

非常非常希望刊登

陳翰雅

9分

讀者意見區

希望刊登

森巴很可愛！

(1-10)分

陳思妍

9分

讀者意見區

(1-10)分 請評

希望刊登！

第三個蛇一分治療方法

陳堅信

9分

讀者意見區

厲河老師真厲害！

希望刊登

請評分1-10分

(我已第5次投稿了)

李仲謙

9分

讀者意見區

想知道M博士外傅有多少集？

請評分(1-100)

(希望刊登/中獎)

李哲仁

85分

傳

教授蛋答問區

Q1 我不明白「滿腹狐疑」這個成語。

這個成語在第57期「成語小遊戲」介紹過。狐狸天性多疑，「滿腹狐疑」就是指一肚子都是疑惑，因而猶疑不決。

提問者：黃紀充

Q2 為甚麼要用U型水管？

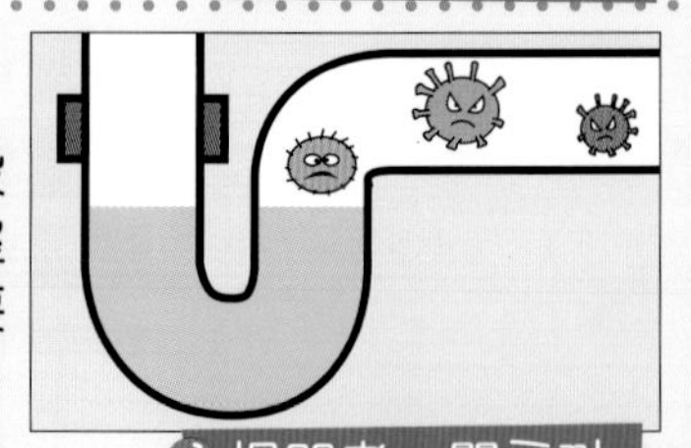

一般來說，我們家居的洗手盆、浴缸、坐廁、地台等排水口都設有U型水管，用以阻隔細菌、病毒、臭氣、昆蟲由污水渠管進入室內。U型水管內要有足夠儲水，如果乾涸，便會失去功效，所以要定時在排水口注入清水，甚至1:99漂白水，以殺滅細菌。

提問者：關永翀

如果大家有任何疑問，也可寫在問卷上寄回來，讓教授蛋解答。

SHERLOCK HOLMES
大偵探福爾摩斯

Sherlock Holmes
London's most famous private detective. He is an expert in analytical observation with a wealth of knowledge. He is also skilled in both martial arts and the violin.

Doppelgänger ①

Author: Lai Ho
Illustrator: Yu Yuen Wong
Translator: Maria Kan

Watson
Holmes's most dependable crime-investigating partner. A former military doctor, he is kind and helpful when help is needed.

The Hovering Head

"Father, you must look carefully. And don't make a noise," whispered a **shadow** by the curtains. It was very dark inside the house, so dark that the face of the speaker could not be seen clearly, but the voice sounded as though it was coming from a middle-aged woman.

"Connie, you're scaring me… maybe I…shouldn't see this," uttered another black shadow by the curtains. This speaker was the middle-aged woman's father. His voice was *trembling* as he tried to turn around and leave.

"No, Father, you can't go!" said the woman as she held onto her father's arm. "You have to see this for yourself. Or we won't be able to save Byron."

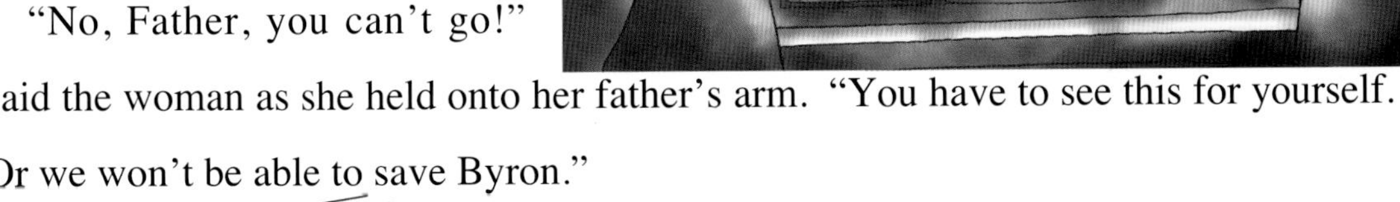

"But…" ***Protesting*** his **single-syllabic** objection from his *hoarse* throat, the *quivering* man seemed to be at a loss.

The ***silhouette*** of the man was visible from the dim light shining through the window from the garden. He appeared to be an old man with wrinkles all over his face, probably over 70 years of age.

Glossary shadow (名) 影子、陰影　trembling (tremble) (動) 顫抖　protest(ing) (動) 抗議、反對　single-syllabic (形) 單音節的　hoarse (形) 嘶啞的　quivering (形) 顫抖的　silhouette (名) 輪廓

"Don't you want to save Byron? He is your son!" urged the woman in a blaming tone. "This is an **omen** that his life might end soon. If we don't find a way to save him, he could die for real!"

The old man began to **waver** after listening to his daughter's **plea**. He let out a deep sigh and nodded his head in understanding.

The woman seemed relieved that her father had decided to stay. She reminded him in a gentle tone, "Remember, we can only **peek** from behind the curtains. And we absolutely cannot make a noise or we might scare off Byron's **double**."

The house returned to stillness after she said those words. All they could do now was keep looking out to the garden through the window.

Although the garden had no lamps, the lamp on a nearby street provided enough lighting for the father and daughter pair to see every corner of the garden. The **creepiness** of the **morning glories twining** on the garden fences was unmistakably noticeable.

The old man and his daughter held their breaths as they **anxiously** kept their watchful eye on the garden. However, a quarter of an hour had passed and there was still no sign of anything unusual happening outside.

"This is strange… How come it hasn't turned up yet? Byron's double always **loom** around those flowers every night around this time," muttered the woman.

The old man did not say a word. He was far too nervous to say anything.

Suddenly, something appeared to be moving in front of the

Glossary omen (名) 預兆 waver (動) 動搖 plea (名) 懇求、陳述 peek (動) 偷看
double (名) 一模一樣的人、極相像的人 creepiness (名) 毛骨悚然的感覺 morning glories (glory) (植物名) 牽牛花、喇叭花
twining (twine) (動) 纏繞 anxiously (副) 焦急地、不安地 loom (動) 出現、晃來晃去

flower fence.

"Oh, it's here! It's here!" whispered the woman as her breathing quickened.

The old man's **jaw dropped** in surprise as a silent scream choked in his throat. He was so petrified that he could not help but take two steps backwards. He could see it! He could see it with his own eyes!

A human head with a **deadpan** face was hovering in front of the flower fence!

The Meaning of Doppelgänger

Sherlock Holmes was *flipping through* a **pile** of books and documents on the table when Dr. Watson returned to 221B Baker Street from a house visit. "What are you searching for?" asked Watson to Holmes.

"**Doppelgänger**."

"Doppelgänger? What is that?" asked Watson curiously.

"Doppelgänger is a German word. I'm searching for information regarding this topic," replied Holmes as he raised his head from the **mound** of reading.

"I've never heard of this German word before."

"It means a double of a living person," explained Holmes. "According to my

Glossary jaw drop(ped) (習) 大吃一驚、驚訝得張口結舌 petrified (形) 害怕的 deadpan (形) 毫無表情的 hover(ing) (動) 懸浮、飄浮 flip(ping) through (片語動) 快速翻閱 pile (名) 一堆、一疊 doppelgänger (名) 分身 mound (名) 一大堆

research, some claim that if one were to see the double of oneself, then one would

mysteriously meet one's death soon after. This double is called a doppelgänger. Legend says that seeing one's doppelgänger means one's soul has left one's physical body, which is an omen of one's looming death."

"That sounds ludicrous! How could you believe in such nonsense?" queried Watson.

Holmes closed the book that he was reading and chuckled, "You are right, Watson. This is nonsense. There is absolutely no scientific basis. But it's a request from a client, so I must familiarise myself with the relevant information."

"Are you telling me that someone has seen his own doppelgänger?" gasped the surprised Watson.

"No, the client saw his son's doppelgänger."

"And?"

"And he is worried that it's an omen of his son's looming death, so he has asked me to investigate the matter."

"How will you go about investigating this?"

Holmes let out a shrewd snicker and said, "If I could find a way to catch that doppelgänger and ask him a series of questions, then I'd be able to unveil the truth."

Glossary mysteriously (副) 離奇地、不可思議地 legend (名) 傳說 looming (形) 逼近的 ludicrous (形) 無稽的、荒謬的 chuckle(d) (動) 低聲笑 shrewd (形) 狡猾的 snicker (名) 暗笑、竊笑

"Don't be ridiculous! How are you supposed to catch a doppelgänger?" asked Watson while rolling his eyes incredulously.

"I have no idea. But if a client is willing to pay for the commission, then I'm willing to step up to the challenge and find a way. I'll just have to play it by ear. Besides, if there really were such a thing as a doppelgänger, I'd very much like to see it with my own eyes," said Holmes lightly without a hint of worry in his voice.

"Who is this client?" asked Watson.

"He is an old man over 70 years old who is a friend of the landlady's. He can't write but he had asked the landlady to jot down the message and bring it to me. Some details were rather unclear though, so I've asked him to come over and tell me his story in person. He should be here any minute."

Just as Holmes finished his sentence, footsteps could be heard coming from the staircase. Each step sounded heavy and slow. This visitor must be frail and old.

Watson had already opened the front door before the visitor had a chance to knock. Sure enough, stepping into the apartment was a thin, shaky, old man with a bent back and a cane in his hand. Without uttering a word, the old man looked at Holmes and Watson with a worrisome expression on his face.

"You must be Mr. Cameron," greeted Holmes with a friendly smile.

"Mm......" muttered the old man without saying another word.

"Please have a seat." Holmes took the old man in his hand and helped him sit down on the sofa.

Glossary incredulously (副) 疑惑地、不相信地 play it by ear (習) 見機行事、隨機應變 jot down (片語動) 手寫、記錄 frail (形) 虛弱的 shaky (形) 顫抖的 bent back (名) 駝背、弓背

"**Pardon** me but..." The old man raised his right hand as though he had wanted to ask a question but swallowed the words right after.

Holmes looked over to Watson and Watson understood straightaway that now was the perfect time for him to exercise his charm as a doctor. Since the elderly were often ***inclined to*** trust doctors, Watson could use his professional authority to help **break the ice**.

"Sir, you don't look too well. My name is Watson and I am a doctor. I'm also a friend of Mr. Holmes. If you don't mind, may I read your pulse?" said Watson as he sat down next to the old man then gently took his **wrinkly** wrist for a quick pulse reading.

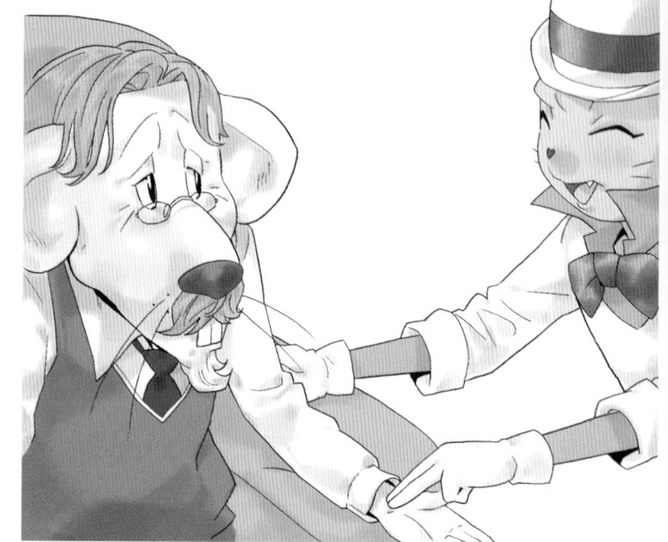

"Hmm... The beats seem a bit **irregular**," said Watson with a caring tone. "Are you worried about something? Please don't **hesitate** to speak your mind. We are here to help you."

"Erm... Are your fees expensive?" asked the old man.

So the old man is ***fretting over*** *the commission charges. That explains the hesitation. The elderly often worry more about money than their own health, even when they have fallen ill. Since there is no set price in hiring private detectives, his uneasiness makes perfect sense,* thought Watson.

"Don't worry, our investigation won't cost you an arm and a leg. Sometimes we even work for free," said Holmes lightly.

"I see," said the old man, looking as though he felt relieved. "I'm sorry, but I will be selling my house

Glossary pardon (動) 請原諒　incline(d) to (片語動) 傾向於　break the ice (習) 打開話題、打破冷場
wrinkly (形) 滿是皺紋的　irregular (形) 不規律的　hesitate (動) 猶豫　fret(ting) over (片語動) 煩惱

very soon, so I'm afraid I don't have much money."

"That is fine. Please tell us your story first. We are not lawyers so we won't charge you for listening." Holmes took a pause before continuing, "You mentioned just now that you will be selling your house. Are you in debt?"

"No," said the old man as he shook his head. "It's for saving my son, Byron."

"The landlady told me that you saw your son's doppelgänger. Is that true?" asked Holmes.

The old man nodded, "I did see Byron's doppelgänger. About a week ago, I saw my son standing somewhere across the street near my house. But moments later after I have returned home, I saw him again in different clothes, coming over to visit me with my daughter, Connie."

"Is it possible that you saw wrong?" asked Holmes.

"I didn't think much of it at that time. I even asked my son why was he wearing a red jacket when I saw him in a blue jacket just a moment ago. But he told me that he was with Connie all day. He said he hadn't changed out of his red jacket the whole time and he hadn't walked past that street where I saw him," said the old man.

"Really? And what was your daughter's reaction?"

"Connie didn't say anything. She just kept giving me this look as if to tell me to stop asking further. It was only when Byron excused himself to the washroom that Connie whispered to me what I saw on the street was Byron's doppelgänger."

Upon hearing those words, Holmes shot a glance to Watson as though to say, "Here comes **the gist**!"

Glossary the gist (名) 主題、重點

The old man took a nervous gulp before continuing, "Connie also told me that she had seen Byron's doppelgänger several times recently, but she was afraid to say anything. She never expected that I would run into Byron's doppelgänger myself."

Watson pondered for a moment and asked, "What was she afraid of? Wouldn't asking your son directly be the easiest way to clarify the truth?"

"Connie said we can't let Byron know that his doppelgänger is lurking about, or the fainthearted Byron would be **spooked** to death, because seeing his doppelgänger is a sign that he is about to die," said the old man fearfully.

"Then what happened?" asked Holmes.

"I felt **suspicious** at first, but then I ran into Byron's doppelgänger again, twice in two days. The first time was when he walked past me on the street but looked as though he hadn't seen me at all. The second time was when I saw him buying groceries at the market."

Watson thought for a moment then asked, "How could you tell that was his doppelgänger and not your son himself?"

"That had to be his doppelgänger, because Byron wasn't in London at that time. He was away on a business trip to Manchester with Connie," said the old man.

"Could they have changed their minds and not taken the trip?" questioned Watson.

"They definitely went to Manchester, because they brought me a gift from Manchester when they came back to London the next day. They even said the business trip was fruitful."

"Pardon me for being blunt, but that doesn't prove that they had gone to Manchester," said Holmes. "Because they could've easily bought the gift from Manchester ahead of time then plot out a plan to deceive you together."

"I've considered that possibility, actually, but I've also seen how Byron's doppelgänger has taken a gruesome transformation. His doppelgänger is now... just a head!" The old man's lips trembled as he spoke.

Glossary gulp (名) 吞口水　lurk(ing) (動) 徘徊、出沒　fainthearted (形) 膽小的　spook(ed) (動) 驚嚇
suspicious (形) 懷疑的　fruitful (形) 有成果的　blunt (形) 直率的、直截了當的　deceive (動) 欺騙
gruesome (形) 恐怖的、可怕的

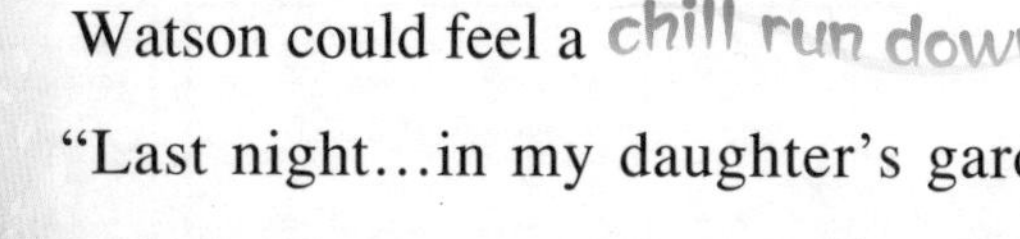

Watson could feel a **chill run down** his **spine**.

"Last night…in my daughter's garden… I saw it… Byron's head…hovering in mid-air…" **stuttered** the old man frightfully as he recounted the disturbing images of that night.

Watson was feeling more and more terrified as he listened to the old man, but Holmes seemed completely **unfazed**. Holmes puffed on his pipe then asked, "So what does your son's doppelgänger have to do with your selling the house?"

"Connie suggested it. She said the situation with Byron's doppelgänger is becoming critical, otherwise his doppelgänger wouldn't be showing up in her garden every night. She said that the only way to save Byron is to donate money to the church and pray to God to help save him."

Upon hearing those words, the corners of Holmes's lips lifted up to a shrewd **smirk**. Meanwhile, Watson was reminded of an old case about a witch **scamming** a red-headed old man. Perhaps this so-called "doppelgänger" case was also another scam!

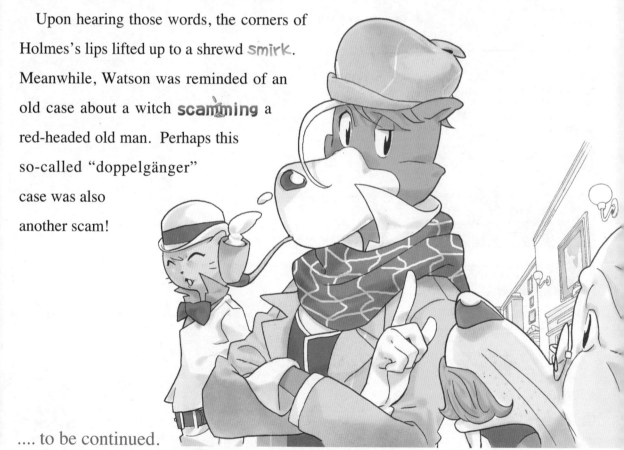

.... to be continued.

Next time on **Sherlock Holmes — Doppelgänger** Is the hovering head genuinely real or is it a scam? Our great detective shall unravel the mystery for all to see.

Glossary chill run down someone's spine (習) 毛骨悚然、背脊發涼 stutter(ed) (動) 結結巴巴地說 unfazed (形) 處之泰然的、泰然自若的 smirk (名) 假笑 scam(ming) (動) 詐騙

這次的數學測驗又不及格，怎麼辦？
愛麗絲的算術最厲害，你找她補習吧！
不敢當，我也是看書增進數學知識哦。

看完這兩本書，有助提升你的數學能力。
下次測驗我一定會更努力。

大偵探福爾摩斯 SHERLOCK HOLMES 提升數學能力讀本

數學都可以這樣玩！

參考小學數學的學習範疇製作，大家可按自己的數學程度，隨意由任何一卷讀起。

加減乘除之卷

生活中的數學
身份證號碼的數學

介紹生活最常見的加減乘除計算，例如八達通消費，以至驗證身份證核對碼，也可從計算得知。

- 每卷都有不同的有趣題材，教大家用數學應對日常生活所需。
- 有數學名人漫畫、冒險故事，還有DIY數學遊戲及M博士數學挑戰題。

DIY遊戲工程
分數遊戲卡

分數·小數·百分數之卷

介紹分數、小數、百分數在日常生活的應用，例如打折消費、計算銀行利息及機會率等。

打折算法的消費考慮??
夾心餅 A
夾心餅 B
夾心餅 C
一小包共8塊 正價 $4.8
一小包共8塊 正價 $4.6
家庭裝 正價 $36
限時特賣！
消費滿$50所有顧客均享九折
$4.8 + $4.6 + $36 = $45.4
$4.8 + $4.6 + $36 + $4.6 = $50.0
例如多購一包夾心餅 B
滿 $50 九折 (90%) $50 × 0.9 = $45.0
便宜了而且多一包夾心餅 B

大偵探福爾摩斯
SHERLOCK HOLMES
提升數學能力讀本
分數·小數·百分數之卷

用輕鬆手法，簡單說明數學理論！

書內附有趣味小遊戲，讓大家邊學邊玩。我選了這兩題，測試大家的腦筋有多靈活！

Q1 數字密碼鎖

解難重點

計算 + 分析

選自《加減乘除之卷》

M 博士把狐格森關在一個牢房，你要輸入密碼，才能開門救人，門鎖密碼是 abc，試根據 M 博士留下的直式加法，找出 abc 代表甚麼數字。

PASSWORD
abc
1 2 3
4 5 6
7 8 9
※ 0 *

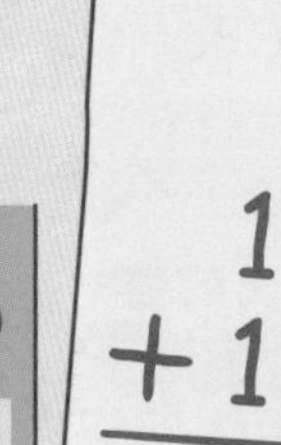
1a2cb
+12ac4
27890

Q2 移杯遊戲

解難重點

推理 + 觀察

選自《分數・小數・百分數之卷》

圖 A

1
2
3
4
5
6

圖 B

1
2
3
4
5
6

圖 A 有 6 隻杯子，1 至 3 號是空的，4 至 6 號有橙汁，你能只移動 1 隻杯子，把圖 A 變得跟圖 B 一樣嗎？

想不到答案。

很多小遊戲都有提示，跟着做就能解題。

提示：
不要只考慮杯，試試調動杯內的橙汁！

收下戰書，接受我的挑戰！
放馬過來。

大家可以到正文社網上書店購買這兩卷新書哦。

預購即上
www.rightman.net

Q1 數字密碼鎖

PASSWORD
569

密碼是 a=5，b=6，c=9。

Q2 移杯遊戲

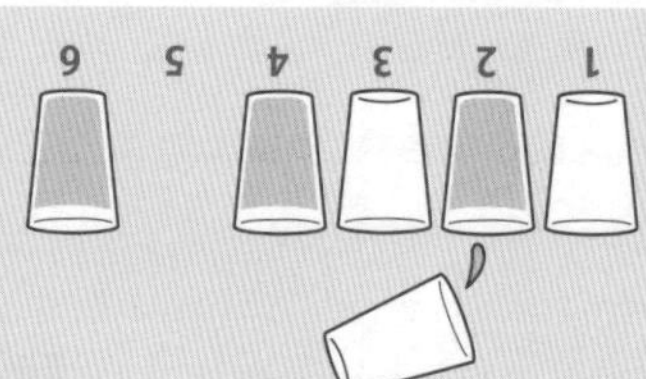
1
2
3
4
5
6

拿起5號杯，將橙汁倒進2號杯就可以了！

跨學科教育月刊

訂閱 1 年，可獲低於 85 折優惠

每月15日出版

定價 $38

增長語文知識，培養閱讀興趣！

愛閱讀

大偵探福爾摩斯 SHERLOCK HOLMES

M博士外傳

年輕船長唐泰斯因冤罪而入獄，在他了無平反希望，萬念俱灰之際，竟遇上一名意圖逃獄的老人。該名充滿智慧的老人更自稱是「M」！到底此人跟M博士有何關係？

學語文

每期連載《大偵探福爾摩斯》英文版，讓讀者通過輕鬆閱讀來學習英文生字及文法，提升英文閱讀及寫作能力。

SAMBA FAMILY

中英對照的《森巴FAMILY》透過生動活潑的漫畫故事，讓讀者掌握生活英語的竅門及會話技巧。

習通識

每期專題深入淺出地介紹人文、社會、文化、歷史、地理或數理等知識，啟發多元發展，培養讀者觀察力和分析能力。

每期均有親子 DIY 專欄。讀者可親手製作小勞作或料理，有助提升集中力和手藝，並從實踐中取得學習樂趣。

訂閱兒童的學習請在方格內打 ☑ 選擇訂閱版本

凡訂閱 1 年，可選擇以下 1 份贈品：
□詩詞成語競奪卡　或　□大偵探福爾摩斯 偵探眼鏡

詩詞成語競奪卡
或
大偵探福爾摩斯
偵探眼鏡

訂閱選擇	原價	訂閱價	取書方法
□半年 6 期	~~$228~~	$209	郵遞送書
□ 1 年 12 期	~~$456~~	$380	郵遞送書

訂戶資料

月刊只接受最新一期訂閱，請於出版日期前 20 日寄出。
例如，想由 2 月號開始訂閱兒童的學習，請於 1 月 25 日前寄出表格，您便會於 1 月 15 至 20 日收到書本。

訂戶姓名：________________ 性別：______ 年齡：______（手提）________________

電郵：________________________________

送貨地址：________________________________

您是否同意本公司使用您上述的個人資料，只限用作傳送本公司的書刊資料給您？

請在選項上打 ☑。　同意□　不同意□　簽署：________________日期：________年________月________日

付款方法

請以 ☑ 選擇方法①、②、③或④

□① 附上劃線支票 HK$________________（支票抬頭請寫：Rightman Publishing Limited）
銀行名稱：________________ 支票號碼：________________

□② 將現金 HK$________________ 存入 Rightman Publishing Limited 之匯豐銀行戶口（戶口號碼：168-114031-001）。現把銀行存款收據連同訂閱表格一併寄回或電郵至 info@rightman.net。

□③ 用「轉數快」(FPS) 電子支付系統，將款項 HK$________________轉數至 Rightman Publishing Limited 的手提電話號碼 63119350，把轉數通知連同訂閱表格一併寄回、WhatsApp 至 63119350 或電郵至 info@rightman.net。

□④ 在香港匯豐銀行「PayMe」手機電子支付系統內選付款後，按右上角的條碼，掃瞄右面 Paycode，→
並在訊息欄上填寫①姓名及②聯絡電話，再按付款便完成。
付款成功後將交易資料的截圖連本訂閱表格一併寄回；或 WhatsApp 至 63119350；或電郵至 info@rightman.net。

正文社出版有限公司
Scan me to PayMe

PayMe HSBC

收貨日期

本公司收到貨款後，您將於每月 15 日至 20 日收到兒童的學習

填妥上方的郵購表格，連同劃線支票、存款收據、轉數通知或「PayMe」交易資料的截圖，寄回「柴灣祥利街 9 號祥利工業大廈 2 樓 A 室」匯識教育有限公司訂閱部收、WhatsApp 至 63119350 或電郵至 info@rightman.net。

訂閱雜誌

除了寄回表格，也可網上訂閱！

SAMBA
FAMILY

Vinci Da's Last Work

ARTIST: KEUNG CHI KIT **CONCEPT: RIGHTMAN CREATIVE TEAM**

© Rightman Publishing Ltd./ Keung Chi Kit. All rights reserved.

Far, far away, on a mountain top, there lived a legendary painter named Vinci Da.

Today,
he is painting at his place as usual...

在遙遠的山頂上，住了一位名叫西文達的著名畫家。

今日，

他如常在家繪畫……

……

Yawn~~~~~~~

呵~~~~~~

Master, your chandelier has been installed!
Oh, that's fast!

So gorgeous~
Wow~~~
You have really exquisite taste, Mr. Vinci Da! This chandelier which was made from twenty thousand pieces of crystals is the most rare and unique in the world!!

主人，你的吊燈安裝好了！

哦，那麼快！

很華麗~

哇~~~

你的品味真高雅，西文達先生！這盞吊燈由二萬顆水晶製成，是世上獨一無二的!!

Together with the installation fee, the total is $23,805,971!!
Invoice
......
Ok, no problem! Please wait a while!!

連安裝費，合共
$23,805,971！
發票
好的，沒問題！請稍等!!

Here! This is my latest work, it should be able to fetch above thirty million! Please have it and keep the change !!
Wow!! This is an authentic masterpiece! Thank you very much!

給你！這是我最新的作品，應該能賣
三千萬以上！拿去吧，不用找!!
哇！這是真跡！非常感謝！

Bye bye !!
I'll walk you out~
See you!

This chandelier is really value for money...

拜拜!!
我送你出去~
再見！
這盞吊燈的確物有所值……

Painting gives me infinite wealth! Whatever I want, I can have it right away!!

繪畫為我帶來無限財富！無論我想要甚麼，
都可以立即擁有!!

Ha Ha Ha Ha Ha ~~~~
Ha Ha Ha Ha ~~~~

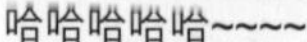

哈哈哈哈哈~~~~

哈哈哈哈~~~~

Ha ~~~~

哈~~~~

PA
So what ~

噗—

那又怎樣~

Ever since I've become a world famous painter, I've had to keep painting every single day...
The money that I've earned can never be finished in my lifetime. What's more, I have won the "My Favourite Artist" Golden Award for the last four years...

自從我成為世界著名畫家，
每日不停畫……

我賺到的錢一生也花不完。在過去四年，
我還獲得「我最喜愛的藝術家」金獎……

But painting every day is starting to make me numb !!
I am starting to despise painting !!

This must stop!! I need to drop my brush and find another interest!! The fire in my heart needs to be rekindled once more!!

但每日不停畫，
讓我感到麻木!!

我開始厭倦繪畫了!!

必須停下來!!我要放下畫筆，尋找別的
興趣!!重新點燃我內心的那團火!!

Master, you have to pay the water, electricity, and worker fees for this month, the total is $88,000!
Oh, is it?

This will be enough for the next three months, here you go!!
Ok!!

主人，這個月要支付的水費、電
費和工人費，合共$88,000！

哦，是嗎？

應該夠用三個月，拿去吧!!

好!!

Ah~~~~ I really hate myself!!

Alright!! I've made up my mind. I'll stop painting when I finish my last piece!!
CRACK

啊~~~~我真的很討厭自己!!

好!!我下定決心了。我畫完
最後一幅畫就封筆!!

啪—

Done !!
But I've already painted 3984 self portraits...
I always look handsome no matter how I paint... This cannot be an iconic work...

完成!!

但我已經畫了3984幅自畫像……

無論怎麼畫，我也很英俊……這不算代表作……

Alright! Let's try another theme!!

好！畫另一個題材!!

No. 7823
Hmmmm, landscape painting seems to be boring... I feel like yawning when I think of it...

嗯，風景畫好像很無聊……看着就想打呵欠了……

No no no !!
My last piece must be the most special, most meaningful, and most astonishing one yet!!
Paint again!!

不不不!!

我最後的一幅畫一定是最特別、最有意義和最驚人的!!

再畫!!

I've already painted so many of these !!
No !!

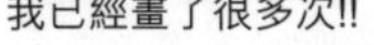

我已經畫了很多次!! 不!!

Another abstract piece again !?
No no no !!

又是抽象畫!? 不不不!!

Who on earth is this guy!?
No !!

這傢伙到底是誰!? 不!!

Ah!? Why did I paint myself again!?
No no no no no no no !!

啊！為何又畫自己!? 不不不不不不不!!

Ahhhh~ I cannot think of any other subject to paint anymore!!
Could my painting career end right here, right now!? What can I do!?

啊~我想不到題材了!!

莫非我的繪畫生涯就此結束!?怎麼辦!?

Oh yeah, I can turn to Master Samba for advice!
EUROPE ART
LES MISER

對，我可以向森巴大師求助！

Horse, run!! Quickly! Take me to Master Samba!!
PARK

馬，跑啊!!快帶我去找森巴大師!!

公園

Hou ~ Yhnhnm ~~~~~~
Oh! You found Master Samba!?
Ho ~~~

嘶~嗚~~~~~~

哦！找到森巴大師了!?

呵~~~

Master Samba!! Long time no see, I am Vinci Da!! Do you remember me!?
?

森巴大師!!好久不見，
我是西文達!!你還記得我嗎!?

Oh~~~~~~

哦~~~~~~

You
are
the
cock-roach
man
I'm not the cockroach man! I am the most famous painter Vinci Da!!
?

你 是 蟑 螂 人

我不是蟑螂人！
我是著名畫家西文達!!

Ah~~~~~~
You
are
Vin-
ci
Da
Didn't I just mention it!!

啊~~~~~~ 你 是 西 文 達 我剛才提過!!

Ah! Isn't he the famous painter Vinci Da!? I love his paintings so much!!

啊！他是著名畫家西文達嗎!?
我很喜歡他的畫!!

May I have your autograph?
Of course, no problem!!
......

可以幫我簽名嗎？ 當然沒問題!!

Wow! It's amazing !
I hope you'll like it !

哇！太好了！

希望你喜歡！

Master Samba, actually I came here for...

森巴大師，其實我來這裏是……

Wow, Master Vinci Da, I want your autograph too! Can you paint my portrait?

哇，西文達大師，我又要你的簽名！
你能畫我嗎？

BANG
Please don't interrupt me!!

砰—

不要打岔!!

Arrr... Master Vinci Da hit me...
Ah... I didn't mean it! Are you ok?

嗚……西文達大師
打我……

啊……我不是故意的！
你還好嗎？

Please autograph my face~
Huh!?
Draw

Yay!! I got Master Vinci Da's autograph and fingerprints!! I'm so lucky!
?

請在我的臉上簽名~ 畫 吓!?

耶!我拿到西文達大師的
簽名和指印!!我真幸運!

Master Samba !
Finally I can tell him now~
Actually I want you...

Autograph
please
Huh!? You want my autograph !? Sure!!

森巴大師! 終於可以
告訴他~ 其實我
想你……

簽 名

啊!你想要我的簽名!?當然可以!!

Here you go, Master Samba !
Ha ~~~

For
tiger-
maru
POO

給你,森巴大師! 哈~~~ 虎 丸  呠一

Clean
poo
the
poo
You are the very first person who looks down on my work!!

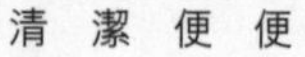
清 潔 便 便　　你是第一個輕視我作品的人!!

Master!! Please help me! Because of this and that, I've became like this and that...
……

大師!!請幫我！因為各種各樣的事情，我變成這樣和那樣……

Your
last
piece
of
work

最 後　　一 幅 畫

Yes, Master! What object do you think I should use!?
Hmmm ~~~

是的，大師！你認為我應該畫甚麼!?　　嗯~~~

I
got it

我 知

You
have
to
paint
the
thing
you
like

畫 自 己 喜　　歡 的 東 西

Ha ~~~~~~~
You like everything! How can you fit all that in one painting!?

哈~~~~~~

所有東西都喜歡！
你怎能用一幅畫全都畫出來!?

完 成

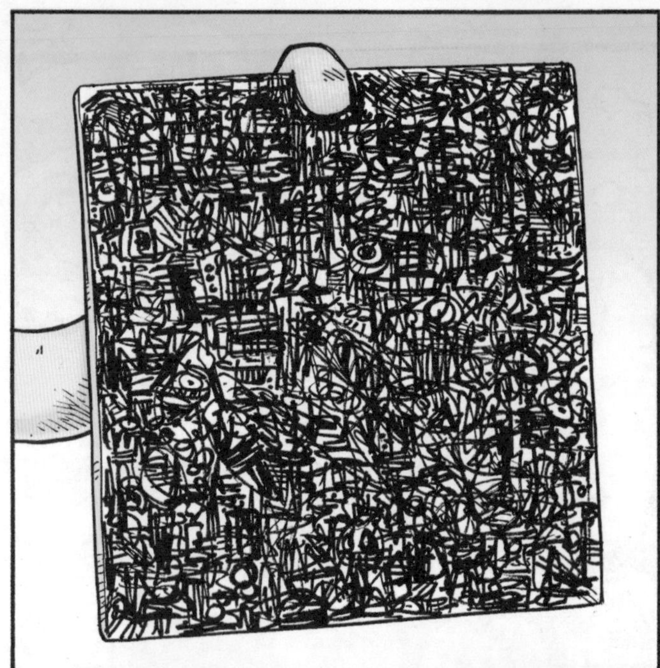

It's
done
Amazing!! You painted everything you like into one piece, yet nothing can be seen! This is indeed true art!!

太驚人了！你將所有喜歡的東西畫成一幅畫，卻甚麼也看不見！這才是真正藝術!!

……

Hey~~~~~~~
Crack~
Crack~
Wah~~ Master! Why did you destroy your work!?

唏~~~~~~ 啪~ 啪~ 哇~~大師！為何要撕掉你的作品!?

You look
pretty
You worked so hard on this painting,
but you destroyed it without hesitation and made it into another piece of work... This is amazing!!

It's
your
turn
Hum, my turn !?

漂 亮 你很用心畫這幅畫， 但你竟然毫不猶豫地撕掉，並重新製成另一件作品……太神奇了!! 輪 到 你 嗯，輪到我!?

Is money my most favourite thing !?

錢是我最喜歡的東西嗎!?

Or my new sports car!?

還是我的新跑車!?

Master Samba's work !?

森巴大師的作品!?

The comic Master Mr. K's work!?

漫畫大師K先生的作品!?

My kitten Mimi!?

我的小貓咪咪!?

Or my first love Nancy!?

還是我的初戀南茜!?

Ahhhh ~~~ My mind is going to explode !!
I really don't know what is the most favourite thing in my life !!

啊~~~我的腦袋快爆炸了!!

我真的不知道我一生中最喜歡的東西是甚麼!!

Ha ~~~~~~

哈~~~~~~

Paint
Paint
Paint
Ha ~~~~~~
Meow ~~~~~~

畫 畫 畫

哈~~~~~~

喵~~~~~~

Looking at Master Samba's pure and happy expression,
that's reminds me of my childhood...

看着森巴大師純真又快樂的表情，

讓我想起我的童年……

My mother gave me a box of crayons,
she asked me to draw on a piece of paper...

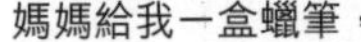

That was my first time painting...

媽媽給我一盒蠟筆，　要我在紙上畫畫……　那是我第一次畫畫……

I could feel real happiness and enjoyment at that time...
Since then, I fell in love with painting...

我感到幸福和愉快……　自此，我愛上繪畫……

That's right!! Painting is the most treasured thing in my life!
I will put this feeling into my last work!!

Master Samba, thank you for the inspi-ration!!
?
I'm going back now to finish my last work! Bye!!

是的!!我一生中最珍惜的就是繪畫！　我要將這份感覺放入我最後一幅畫中!!　森巴大師，謝謝你的啟發!!　我現在回去畫最後一幅畫了！再見!!

Vinci Da's Last Exhibition

西文達的最後畫展

哈~~

What on earth did Vinci Da paint exactly!?
It looks like a doodle done by a small kid.
Ha~~
The end...

西文達到底畫甚麼!?　看起來像是小孩子的塗鴉。　完……

兒童的學習 NO.59

請貼上
$2.0郵票

香港柴灣祥利街9號
祥利工業大廈2樓A室
兒童的學習編輯部收

2021-1-15 ▼請沿虛線向內摺。

請在空格內「✔」出你的選擇。

問卷

有關今期內容

Q1：你喜歡今期主題「吸血鬼之謎」嗎？

01☐非常喜歡 02☐喜歡 03☐一般 04☐不喜歡 05☐非常不喜歡

Q2：你喜歡小說《大偵探福爾摩斯——少年福爾摩斯》嗎？

06☐非常喜歡 07☐喜歡 08☐一般 09☐不喜歡 10☐非常不喜歡

Q3：你覺得SHERLOCK HOLMES的內容艱深嗎？

11☐很艱深 12☐頗深 13☐一般 14☐簡單 15☐非常簡單

Q4：你有跟着下列專欄做作品嗎？

16☐巧手工坊 17☐簡易小廚神 18☐沒有製作

請沿實線剪下

讀者意見區

快樂大獎賞：

我選擇（A-I）

請沿實線剪下

只要填妥問卷寄回來，就可以參加抽獎了！

感謝您寶貴的意見。

請在此部分塗上膠水。

請在此部分塗上膠水。

讀者資料

姓名：	男 女	年齡：	班級：
就讀學校：			
聯絡地址：			
電郵：		聯絡電話：	

你是否同意，本公司將你上述個人資料，只限用作傳送《兒童的學習》及本公司其他書刊資料給你？（請刪去不適用者）

同意/不同意 簽署：____________________ 日期：________年____月____日

讀者意見收集站

A 學習專輯：吸血鬼之謎

B 實戰寫作教室：厲河老師的實戰寫作教室

C 快樂大獎賞

D 大偵探福爾摩斯──科學鬥智短篇 少年福爾摩斯①

E 巧手工坊：拍翼蝙蝠紙飛機

F 成語小遊戲

G 簡易小廚神：一口茄汁蛋包飯

H 知識小遊戲

I 讀者信箱

J SHERLOCK HOLMES：Doppelgänger①

K SAMBA FAMILY：Vinci Da's Last Work!

*請以英文代號回答**Q5**至**Q7**

Q5. 你最喜愛的專欄：

第 1 位 19________ 第 2 位 20________ 第 3 位 21________

Q6. 你最不感興趣的專欄： 22________ 原因：23________

Q7. 你最看不明白的專欄： 24________ 不明白之處：25________

Q8. 你覺得今期的內容豐富嗎？

26☐很豐富 27☐豐富 28☐一般 29☐不豐富

Q9. 你從何處獲得今期《兒童的學習》？

30☐訂閱 31☐書店 32☐報攤 33☐OK便利店

34☐7-Eleven 35☐親友贈閱 36☐其他：________

Q10. 你買今期《兒童的學習》的原因？（可選多項）

37☐專題有趣吸引 38☐封面漂亮 39☐因上期的「下期預告」吸引

40☐被廣告吸引 41☐有追看小說漫畫 42☐喜歡專欄內容

43☐想參加抽獎 44☐價格合理 45☐朋友/ 親友推薦

46☐習慣購買 47☐訂閱 48☐其他：________

Q11. 你還會購買下一期的《兒童的學習》嗎？

49☐會 50☐不會，原因 ________